SUSANNE MIERAU • MILENA GLIMBOVSKI

Einfach Familie leben

DER MINIMALISMUS-GUIDE:
WOHNEN • KLEIDUNG • LIFESTYLE •
ACHTSAMKEIT

KNESEBECK

Anna und Marcus haben sich ihren Traum von einem Haus auf dem Land mit Schafen erfüllt.

Zeit statt Zeug im Familienalltag

Einfach Familie leben – das wollen wir doch eigentlich alle. Es uns einfach machen, entspannt Elternschaft leben: Stress zur Seite legen, Stressverursacher vermeiden, unsere Zeit und Energie in gelungene und erfüllende Beziehungen stecken. Aber wie geht das in einer Zeit voller Anforderungen und Aufgaben? Familien stehen heute unter Druck und haben nicht selten eine große Anzahl unterschiedlichster Aufgaben zu kombinieren. Vereinbarkeit erscheint als Schlagwort, doch lassen sich Job, Haushalt, Kinder, Partnerschaft, Hobbys etc. oft nicht einfach so »vereinbaren«, denn die Anzahl der Tätigkeiten, Dinge und Anforderungen ist zu hoch. Wir haben mit einem »Zuviel« zu kämpfen – mental und physisch.

Es ist zu viel

Den Weg zu mehr Entspannung im Familienalltag gibt es dennoch. Er kann darüber führen, uns (wieder) auf das Wesentliche zu besinnen. Das, was Familie wirklich ausmacht und ihr guttut. Und das ist die Beziehung zwischen den Familienmitgliedern vor all den anderen Dingen, die wir glauben, für den Familienalltag zu brauchen. Die Beziehung, die Zeit füreinander und miteinander ist das Fundament einer Familie. Es gilt, sich von dem »Zuviel« zu befreien und zurückzukommen zu dem »Gerade richtig«.

Das Wesentliche im Leben

Seit einigen Jahren ist Minimalismus ein großes Thema in unserer Gesellschaft. Minimalismus, das bedeutet in erster Linie, sich auf das Wesentliche zu konzentrieren beziehungsweise zum Wesentlichen zurückzukommen und dadurch auf einfache Weise leben zu können. Der Weg dorthin kann ganz unterschiedlich aussehen, und für jeden Menschen kann Minimalismus ein wenig anders gestaltet sein: Manche leben nur mit einem absoluten Minimum an Dingen, andere legen einen Schwerpunkt auf eine minimalistische Ästhetik. Es gibt keine festen Regeln, keine Anleitung, keine Checklisten zum Abarbeiten nach dem Motto »Wenn du diese zehn Punkte erfüllst, bist du Minimalist*in«.

Minimalismus bedeutet, die eigene Lebensweise in den Blick zu nehmen, auf dieser Basis selbstbestimmt handeln zu können und bewusste Entscheidungen zu treffen. Diese können dann ganz unterschiedlich sein. Es geht nicht um eine bestimmte Anzahl von T-Shirts im Schrank, sondern um eine innere Haltung, die sich auf alle Bereiche des Alltags erstreckt: Wohnen, Kleidung, Ressourcenverbrauch, Ernährung – und eben auch Familie.

Minimalismus und Familie?

Wer Kinder hat, fragt sich vielleicht: »Minimalismus und Familie – passt das wirklich zusammen?« Denn Kinder bringen eine ganz andere Weltsicht, ein anderes Ordnungsempfinden und vor allem auch ganz andere Bedürfnisse mit in den Alltag. Familienalltag lässt oft nicht besonders viel Raum für Aufgaben wie Saubermachen und Ordnung. Schnell kann man denken: Minimalismus geht vielleicht als Single oder Paar, aber als Familie ist das nicht mehr machbar.

In diesem Buch wollen wir das Gegenteil beweisen: Minimalismus und Familie passen wunderbar zusammen, denn gerade in Familien ist es wichtig, sich auf das Wesentliche zu konzentrieren. Kinder brauchen vor allem Zeit, Zuwendung und Geborgenheit statt Zeug. Eine innere Grundhaltung von Klarheit, Bewusstheit und Selbstbestimmung hilft im Familienalltag, Stress zu vermeiden. Und Stress ist oft eine Ursache von negativem Erziehungsverhalten – was wir alle vermeiden wollen. Wenn wir uns als Eltern auf das Wesentliche konzentrieren, eröffnet uns das Raum für Beziehung und Miteinander. Oder wie es auf dem amerikanischen Elternblog »Motherly« zu lesen war: »I believe mothers need minimalism more than anyone else.« Wir würden nur ergänzen: And fathers, too.

Einfach unterschiedlich

Wie genau Minimalismus in Familien gelebt wird, sieht ganz unterschiedlich aus. Dieses Buch nimmt dich deswegen mit auf eine Reise durch verschiedene Minimalismuskonzepte und verschiedene Familienkonstellationen und gibt dir Inspirationen, damit du deinen persönlichen Weg mit deiner Familie gehen kannst. Du findest Anregungen rund um Wohnen und Kinderzimmer, Ernährung und Kochen, Pflege und Lifestyle. Wie unterschiedlich dabei Minimalismus gelebt wird, sieht man auch an uns beiden Autorinnen: Milena lebt mit ihrem Freund und Baby in Kreuzberg in cleaner, aufgeräumter Ästhetik, Susanne mit Mann und drei Kindern zwischen Berlin und Brandenburg in naturverbundenem, holzspielzeuglastigem Ökolifestyle. Verbindendes Element zwischen uns und den anderen Familien, die in diesem Buch zu Wort kommen, ist die Grundhaltung: Es braucht nicht viele Dinge, um glücklich als Familie leben zu können. Familienglück findet sich nämlich im Raum zwischen den Dingen.

Nicht nur zwischen den Dingen, sondern auch zwischen den Orten leben Anna Schunck und Marcus Werner, die zwischen Berlin und Brandenburg pendeln und die Vor- und Nachteile sowohl des Stadt- als auch Landlebens kennen. Sie berichten, wie sie ihren Weg gefunden haben und sich dabei auch von einigen Vorstellungen verabschieden mussten. Rebecca hat hingegen am Stadtrand ihr kleines minimalistisches und naturverbundenes Paradies gefunden und nimmt uns mit in ihren Alltag mit Kräutern und Naturheilmitteln. Fabian Sixtus Körner lebt mit Frau und Kind in Berlin, aber sie sind gemeinsam viel auf Reisen – auch das geht minimalistisch.

Wir haben Anna und Ron Brachetti mit ihren drei Kindern besucht, um mit Anna über Alltagsorganisation in einer großen Familie und Digital Detox zu sprechen, denn Minimalismus betrifft nicht nur die Gegenstände in unserem Leben, sondern auch unsere Haltung zu Zeit und dem richtigen Umgang mit sozialen Medien. Aufgabenverteilung, Priorisierung und Selbstständigkeit sind auch bei Kübra Gümüşay, die mit Mann und Sohn in Hamburg lebt, wichtige Themen. Was ist aber, wenn das Geld knapp ist? Ist Minimalismus auch für Familien mit wenig Geld machbar und wenn ja, wie? Die dreifache Mutter Linda Zerfass berichtet davon, wie sie als Familie ihren Weg finden und welche Hindernisse sich dabei auch ergeben.

Aber wir sehen uns in diesem Buch auch die ganz praktischen Dinge des Alltags an: Im Kapitel Kinderkleidung gehen wir der Frage nach, wie viele Kleidungsstücke Kinder eigentlich brauchen und wie wir hier mit Sharing, Leihboxen und tollen Upcyclinglabels gute Wege gehen können. Capsule Wardrobe für Kids? Das geht und erspart sogar noch Alltagsdiskussionen.

Und genau so können wir auch mit Spielmaterialien umgehen: Anna Christina Jost zeigt uns, was die Pädagogin Maria Montessori mit Minimalismus zu tun hat und unter welchen Gesichtspunkten wir ein Kinderzimmer gestalten können. Saskia lebt mit ihren zwei Kindern in der Schweiz und sowohl Minimalismus ist ein wichtiges Thema für sie als auch das Basteln und Gestalten mit Kindern: Wie das zusammenpasst und wie man mit den zahllosen Basteleien der Kinder wertschätzend umgeht, erklärt sie im Interview.

So wie Liebe durch den Magen geht, kommt auch in Familien viel auf den Tisch. Minimalismus macht aber nicht vor der Küchentür halt. Sinnvoll kochen und mit Ressourcen umgehen von Anfang an – das sehen wir bei Hebamme und Stillberaterin Anja, die mit vier Kindern größtenteils vegan und minimalistisch lebt. Caspar nimmt uns als Vater von drei Kindern mit in die Zero-Waste-Familienküche. Dazu kommen Rezepte, DIYs und Anleitungen, aus denen du dir das mitnehmen kannst, was deinen Familienalltag erleichtern und vereinfachen kann. Wir bieten dir Anregungen, aus denen du dich frei bedienen darfst. Nimm mit, was dir guttut, lass weg, was dich anstrengt.

Der Markt für Familienprodukte

Familien sind eine gute Zielgruppe in Hinblick auf den Konsum, denn innerhalb weniger Jahre werden viele Kaufentscheidungen getroffen: vom Wickeltisch über den Nuckel bis zur Schultasche: Laut einer Studie des Statistischen Bundesamtes aus dem Jahr 2013 kostet ein Kind im Monat durchschnittlich 584 Euro, in den Jahren bis zum Schulbeginn sind es jährlich etwa 6.200 Euro und bis zur Volljährigkeit haben Eltern durchschnittlich 130.000 Euro für den Nachwuchs ausgegeben. Dies sind die reinen Konsumausgaben ohne Versicherungen, gesellschaftliche Aufwendungen für Bildung oder auch Opportunitätskosten, wenn also ein Elternteil auf Erwerbstätigkeit verzichtet. Familien kaufen und konsumieren. Nicht selten, weil sie denken, dass bestimmte Produkte Hilfe bieten oder die Entwicklung der Kinder unterstützen. Das sind jedenfalls die Werbeversprechen für Kindermilch, Lauflernhilfen oder gesunde Kindersnacks. Als Eltern werden wir überrollt von diesen Werbebotschaften und Informationen, die uns häufig auch unter Druck setzen. Nicht nur Besitz kann belasten, sondern auch schon die Werbung dafür.

Back to the roots

Minimalismus für Familien bedeutet in gewisser Weise auch einfach »back to the roots«: Zurück zu dem, was wir wirklich brauchen, und nicht das, was uns eingeredet wird, das wir als Familie brauchen würden. Zurück zur Klarheit, zur Übersichtlichkeit und damit auch zurück zur Selbstbestimmung im Familienalltag, die viel erleichtert. Das beginnt mit ein paar schlichten, aber schwierigen Fragen: Wie wollen wir als Familie leben? Was sind die Werte, die ich oder wir als Eltern vermitteln wollen? Wofür geben wir Geld aus und was bringt uns das Gekaufte wirklich? Helfen uns die Dinge, die wir haben, oder sind sie eine Belastung, weil sie uns ablenken von der Beziehung und dem Miteinander? Und was kaufen wir eigentlich, um es nur als Statussymbol zu benutzen oder um unsere Elternschaft aufzuwerten? Diesen Fragen nachzugehen, ist manchmal gar nicht so einfach und kann sogar schmerzen oder nerven. Aber es sind gute Fragen, die unseren Alltag im wahrsten Sinne des Wortes nachhaltig verändern können.

Zeit und Ruhe am Esstisch ermöglichen Familiengespräche.

Fabian und Nico gehen
mit ihrem Kind und wenig
Gepäck auf große Reisen.

Minimalismus ist ein Bedürfnis

Fumio Sasaki, ein bekannter japanischer Minimalist, schrieb, in unseren Köpfen liefe moderne Software des 21. Jahrhunderts auf 20.000 Jahre alter Hardware. Da ist es vorprogrammiert, dass wir überfordert sind. Die frühen Menschen waren Jäger und Sammler und zogen als Nomaden umher. Sie besaßen herzlich wenig und hatten ihr ganzes Hab und Gut stets dabei. Heute besitzt ein Mensch durchschnittlich 10.000 Dinge. Damit kommen wir nicht mehr weit. Der Wunsch zu minimalisieren, zu reduzieren entspricht unserer ursprünglichen Natur. Unser Leben ist unübersichtlich geworden und durch die Reduktion auf Wesentliches bekommen wir Übersicht zurück.

Weg von der Beliebigkeit

Wenn wir anfangen, zu hinterfragen, was wir wirklich brauchen, beginnen wir auch, uns mit den Dingen mehr auseinanderzusetzen: Brauchen wir einen Kinderwagen? Und wenn ja, welcher ist sinnvoll? Muss er neu sein oder kann er auch gebraucht gekauft werden? Minimalismus führt uns weg von der Beliebigkeit und dem Gedanken, etwas zu kaufen, weil andere Familien, die wir kennen, das auch haben. Weniger zu besitzen bedeutet, mehr das zu schätzen, was man hat. Es erfordert aber auch, vor dem Kauf von Gegenständen mehr nachzudenken.

Zeit für Wichtiges gewinnen

Mehr Recherche, mehr hinterfragen? Das bedeutet zunächst auch, mehr Zeit zu investieren. Gerade Zeit ist ein Gut, das in Familien rar ist. Doch beim Minimalismus zeigt sich, dass wir zwar höhere Anfangskosten haben, diese aber später zu geringeren Kosten führen. Beim Zeitaufwand wie auch bei einigen finanziellen Aspekten, die wir uns noch ansehen werden. Wenn wir wohl überlegte, langfristige Entscheidungen getroffen haben, müssen wir im Alltag in den kleinen Situationen weniger entscheiden. Wir minimieren im Vorfeld die Auswahlmöglichkeiten, um dann im Alltag leichter und schneller Entscheidungen treffen zu können: in Bezug auf das Essen, auf die oft leidige Kleidungsfrage, in Bezug auf Spielzeug und viele andere Alltagsdinge. Das bringt uns letztlich mehr Klarheit im Familienleben und wir können von den 20.000 Entscheidungen, die wir jeden Tag treffen müssen, einige vermeiden. So gewinnen wir Zeit.

Der Weg zur Familie führt über Nachhaltigkeit

Spätestens wenn sie Kinder bekommen, fangen viele an, sich mit Umweltschutz und der eigenen Gesundheit zu beschäftigen: Die Frage nach einer guten Zukunft rückt näher und wird wichtiger. Eine Frau, die zehn Monate ein Kind austrägt, das sich in ihrem Körper formt, die gebärt, neues Leben in die Welt setzt, weiß plötzlich um die Bedeutung der Natur. Diese Welt, den Lebensraum von Menschen und Tieren, zu schützen, wird dann zur Priorität und steht nicht im Widerspruch, sondern im Gegenteil im Einklang mit einem minimalistischen Lebensstil. Denn dieser legt genau auf die gleichen Bedingungen Wert wie auch die ökologische Zero-Waste-Bewegung.

»Selber machen!« für Kinder und Eltern

Wenn wir über den Ursprung unserer Konsumgüter nachdenken und darüber, wie wir andere Wege gehen können, kommen wir irgendwann auch an den Punkt, zu fragen: Muss ich das eigentlich überhaupt noch kaufen oder kann ich das nicht einfach selber machen? Das kindliche »Selber machen!« tritt im Minimalismus in seiner Kreativität wieder hervor und bereichert in ganz besonderem Maße das Familienleben: von (gut verträglichen) Reinigungsmitteln im Haushalt über schlichte und wohltuende Pflegeprodukte für Eltern und Kinder bis hin zu Spielzeug und Kleidung.

Privilegien

Minimalismus wird oft mit Privilegiertheit und mit Kosten in Verbindung gebracht, obwohl das eigentlich genau gegen das Konzept spricht: Alles wegwerfen und nur in Öko-Chic neu kaufen, ist nicht Minimalismus. Schlichte Wohnungen können mit teuren Möbeln eingerichtet sein, müssen es aber nicht. Auch wenn Minimalismus mit einem Trend und oft mit einem bestimmten Design in Verbindung gebracht wird, muss das nicht zusammenhängen: Wir können Minimalismus-Design und Minimalismus-Kapitalismus von Minimalismus leben trennen. Gerade bei Familien spielt die Kostenfrage eine wichtige Rolle, denn laut einer Studie der Bertelsmann-Stiftung steigt mit jedem Kind in einer Familie das Armutsrisiko. Besonders alleinerziehende Frauen sind häufig von Armut betroffen. Minimalistisch zu leben hat deswegen wichtige Effekte: Wohlhabende Familien setzen nicht hohe und für viele nicht erreichbare (und letztlich unnötige) Konsumziele, denen weniger wohlhabende Familien versuchen nachzustreben. Durch das Ressourcensparen profitiert nicht nur die Gesellschaft, sondern gerade auch weniger wohlhabende Menschen können von den fünf »R« (siehe S. 16) profitieren und sich den Alltag erleichtern. Geld- und Ressourceneinsparung kann daher nicht nur jene bereichern, die schon zu viel haben, sondern auch die, die wenig haben.

Einfach weniger, einfach mehr

Unser Weg des Minimalismus für Familien ist ein kreativer Weg, der Freude bringen soll und den Familienalltag durch ein Weniger an Dingen bereichert. Es geht nicht darum, alle hier vorgestellten Bereiche im Alltag zu verändern. Es geht darum, sich auf den Weg zu machen, den Alltag zu reflektieren und mit dem zu beginnen, was dir ganz persönlich deinen Alltag vereinfacht. Dafür geben wir dir ein paar Ideen mit auf den Weg, die Platz machen für das, was wirklich wichtig ist: du, deine Kinder, deine Partnerschaft und das, was zwischen euch passiert. Wir möchten dich begleiten auf einem Weg zu mehr Leichtigkeit, mehr Klarheit, mehr Lachen und mehr Glücksmomenten. Mehr Familie.

Deine Milena und Susanne

Erste Schritte

Minimalismus im Familienalltag umzusetzen funktioniert nicht von heute auf morgen. Wir beginnen ohne Druck in einem Bereich, der uns leichtfällt, und achten darauf, was in der Familie machbar ist.

Am Anfang steht der Plan

Mehr Zeit statt Zeug, sich auf das Wesentliche konzentrieren, Beziehungen den Dingen vorziehen – das alles klingt so schön und richtig. Aber im vollen Familienalltag ist das oft gar nicht so einfach. Wir sollten nicht erwarten, dass wir unser Familienleben von heute auf morgen umstellen können. Vielmehr empfiehlt es sich, nach und nach kleine Schritte zu gehen und darauf zu achten, was machbar ist. Wenn wir uns auf den Weg zum Minimalismus begeben, tun wir dies, um Druck herauszunehmen und um mehr Entspannung in das Familienleben zu bringen. Wir sollten nicht noch mehr Druck und Aufgaben hinzufügen in dem Wunsch, endlich zu entspannen.

Das Grundprinzip des Minimalismus ist nicht das Ausmisten, sondern die Frage: Brauche ich das wirklich?

Vom ersten Gedanken zur ersten Tat

Der Weg zum einfachen Familienleben beginnt mit der Frage: Wo kann ich anfangen? Was fällt mir leicht? Viele, die sich auf den Weg des Minimalismus begeben, beginnen mit einem Bereich, arbeiten sich mehr in das Thema ein und gehen dann verschiedene Lebensbereiche durch. Deswegen musst du auch dieses Buch nicht von vorn bis hinten lesen. Überlege, mit welchem Bereich deines Alltags du beginnen kannst. Für genau diesen Bereich, der dir leichtfällt und den du vielleicht schon immer mal angehen wolltest, kannst du dir einen Plan machen und deine Wünsche konkretisieren: Was wünschst du dir durch die Veränderung? Was soll sich ändern? Welches vorläufige Ziel willst du erreichen? Versuche, dein Ziel zu visualisieren: Das kann ein konkretes Bild davon sein, wie dein Küchenschrank künftig aussehen soll. Es kann aber auch die Vorstellung sein, wie du mit deinen Kindern entspannt im Kinderzimmer sitzt und Zeit hast für ein gemeinsames Spiel. Führe dir die Vorteile dessen vor Augen, was du erreichen möchtest, oder schreib sie dir auf.

Ziele und Motivationen

- → Weniger Zeug bedeutet weniger Aufräumen und Putzen.
- → Man hat mehr entspannte Zeit mit der Familie.
- → Wenn alles seinen Platz hat, findet man Dinge leichter und schneller wieder.
- → Man hat mehr Zeit, weil man bewusster einkauft und weniger »nur mal« shoppen und bummeln geht.
- → Man spart Geld.
- → Man hat mehr Platz und leeren Raum, der nicht zugestellt ist; man muss keine neuen Möbel kaufen oder gar umziehen, die Kinder können durch den freien Raum entspannter spielen.

Du bist nicht allein

Beim Thema Minimalismus für Familien solltest du eins gegenüber anderen Lebenssituationen berücksichtigen: Du bist nicht allein. Natürlich gibt es Bereiche, in denen du ganz allein entscheiden kannst, beispielsweise wie du mit deiner Kleidung umgehst, von welchen ganz persönlichen Dingen zu dich trennen möchtest oder welche Pflegeprodukte du zukünftig für dich verwendest. Andere Bereiche des Alltags wie etwa Ernährung, Raumgestaltung, Umgang mit Spielzeug oder Aufräumen betreffen jedoch die ganze Familie. Wenn wir in einem Familiensystem etwas umstellen, betrifft das alle Menschen, die daran beteiligt sind. Kleine Kinder können problemlos in den Minimalismus hineinwachsen, eine Umstellung mit größeren Kindern kann hingegen eine Herausforderung werden. Hier kommt es ganz besonders auf die Kommunikation an: Mit Schulkindern kannst du gemeinsam überlegen und recherchieren, wo Dinge herkommen, wie sie hergestellt werden und welche Auswirkungen das auf die Umwelt hat. Ihr könnt Minimalismus zu einem Projekt mit offenem Ausgang machen, einer gemeinsamen Unternehmung mit gemeinsamen Zielen.

Die Konsumpyramide

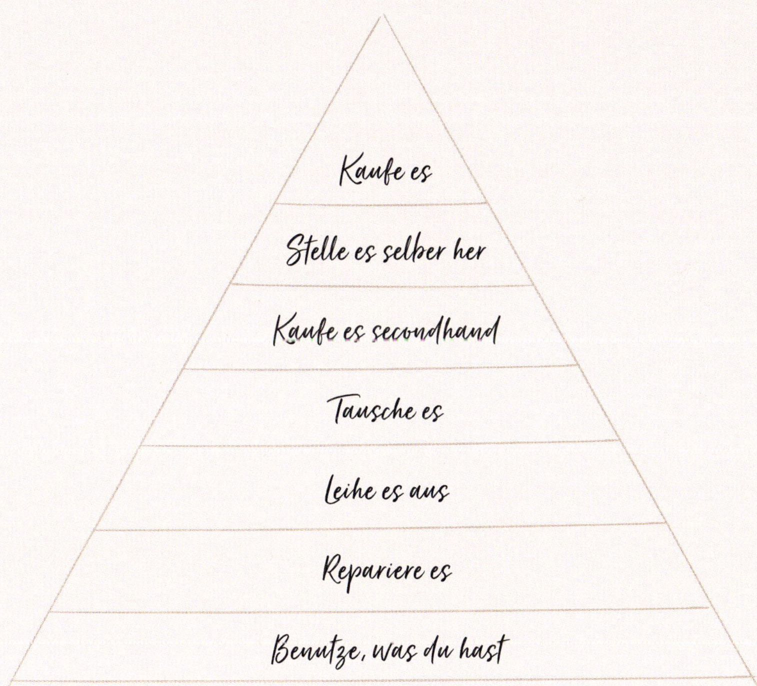

Mit älteren Kindern kann die Konsumpyramide ein spannendes Langzeitprojekt sein: Überlegt vor allen anstehenden Anschaffungen von Kleidung, Büchern oder Spielsachen, ob die Anschaffung wirklich notwendig ist und ihr die Dinge nicht auch anders verfügbar machen könnt.

Minimalismus in der Familie ist keine Entscheidung, die du allein fällst.

Minimalismus-Partner*innen

Wenn wir das Thema Minimalismus neu angehen wollen, betrifft das nicht nur die Kinder, sondern auch den Partner oder die Partnerin – sofern vorhanden. Ein minimalistischer Lebensstil wirkt sich so sehr auf das gesamte Familienleben aus, dass alle Mitglieder der Familie diesen Ansatz respektieren sollten. Sprich daher mit deinem Partner oder deiner Partnerin, bevor du mit dem Weg des Minimalismus beginnst. Reflektiert euren Alltag, klärt eure persönlichen Ziele und schaut euch an, an welchen Punkten ihr gemeinsam arbeiten wollt und welche Alltagsthemen vielleicht nur dir am Herzen liegen. Anhand der fünf »R« könnt ihr gemeinsame oder auch individuelle Ansätze und Ziele durchsprechen.

Die fünf R

1

Refuse

Das Grundprinzip des Minimalismus ist nicht das Ausmisten, sondern die Frage: Brauche ich das wirklich? Sei es die fünfte weiße Bluse oder ein kostenloser Kugelschreiber auf einer Messe – alles, was den Weg zu dir findet, wird ein Teil deines Zuhauses, ein Teil von dir und ein Teil von euch. Es nimmt dir Zeit und Raum. Ist es das wert? Daher: Refuse – sag nein.

2

Reduce

Miste nicht mehr Gebrauchtes aus und reduziere das, was du bereits hast.

3

Reuse

Verwende die Sachen, die du hast, wieder. Wähle Mehrweg vor Einweg.

4

Repair

Repariere Dinge, anstatt sie einfach wegzuwerfen und neu zu kaufen. Das spart nicht nur Ressourcen, sondern auch Geld.

5

Recycle

Wenn du Dinge entsorgen musst, dann bitte korrekt. So gibst du ihnen die Chance, dass sie recycelt werden können.

INTERVIEW

Minimalistisch leben als Teenager

»Aber was ist mit den Kindern?«, ist eine Frage, die beim Thema Minimalismus in Familien häufig gestellt wird. Menschen haben Bedürfnisse. Dazu gehören jene Grund- und Existenzbedürfnisse, die wir alle gleichermaßen haben, aber auch jene individuellen Bedürfnisse, die auch von der Gesellschaft geprägt werden. Konsum kann Glücksgefühle auslösen, das merken wir alle immer wieder. Der Hirnforscher Gerald Hüther erklärt das damit, dass beim Kauf von Dingen das Belohnungszentrum im Gehirn aktiviert und Unzufriedenheit so überdeckt wird. Wir sollten jedoch nicht unsere Unzufriedenheit durch kurzfristige Zufriedenheit überdecken, sondern vielmehr an der eigentlichen Unzufriedenheit arbeiten. Dabei hilft uns der Konsum jedoch nicht. Wenn wir im Zusammenleben mit unseren Kindern von Anfang an das wirkliche Wohlgefühl und »Zeit statt Zeug« in den Vordergrund stellen, haben wir die Chance, ihnen zu einem positiven Grundgefühl zu verhelfen und ihre echten Bedürfnisse zu befriedigen. Wie es ist, mit Minimalismus aufzuwachsen, haben wir deswegen einmal direkt bei einem Kind nachgefragt.

Eleni, du bist 13 Jahre, wächst mit Minimalismus auf und hast dich selbst damit schon beschäftigt. Ist das ungewöhnlich oder hast du auch Freund*innen, die schon so reflektiert mit Konsum und Umwelt umgehen?

Ich beschäftige mich recht viel mit dem Thema Minimalismus, da ich selbst ein eher geordneter und strukturierter Mensch bin. Ich sortiere meine Sachen sehr oft um und aus. Ich finde Minimalismus nicht ungewöhnlich, weil wir Menschen immer noch viel zu viel einkaufen und konsumieren. Meine Freundinnen würde ich als nicht so minimalistisch bezeichnen, dennoch machen sie sich Gedanken und wir sprechen über Umweltthemen. Meine beste Freundin zum Beispiel ist ein sehr chaotischer Mensch, aber als ich einmal bei ihr war, fragte sie mich, ob wir ihr Zimmer aufräumen und umgestalten wollen. Mit meiner anderen besten Freundin kann ich mich sehr gut über Umwelt und Massentierhaltung etc. unterhalten, da sie auch vegetarisch aufgewachsen ist. Aber auch mit der großen Tochter meiner Patentante, sie ist Veganerin. Außerdem habe ich zwei Freundinnen, die ich durch meine Lieblingssängerin kennengelernt habe, die sehr, sehr umweltbewusst sind und sich viel mit den Themen beschäftigen. Sie waren vor Kurzem in Potsdam und haben dort einen Unverpacktladen entdeckt. Sie waren echt

Minimalistisches Teenagerleben: »Ich vermisse eigentlich nichts.«

Minimalismus hilft beim Ordnung halten.

begeistert von dem System. Sie meinten dann, dass es bei ihnen leider keinen Unverpacktladen geben würde. Mir ist dann das Buch von einer Bekannten meiner Mutter in den Sinn gekommen. Hinten im Buch befindet sich eine Liste aller Unverpacktläden in Deutschland, der Schweiz und Österreich. Ich hab da dann nachgeschaut und einen Unverpacktladen in ihrer Nähe gefunden. Die beiden haben sich total gefreut.

Wie bist du zum Thema Minimalismus gekommen?

Ich bin durch meine Mama zum Thema Minimalismus gekommen. Sie hat sich das Buch »Magic Cleaning« gekauft und ist dann in so einen Umräumwahn gekommen. Damit hat sie mich sozusagen angesteckt. Ich habe aber schon immer gerne aufgeräumt, aussortiert oder To-do-Listen gemacht. Das hat mir ein wenig Sicherheit gegeben, wenn ich wusste, wie alles abläuft.

Du wächst in einem minimalistischen Haushalt auf. Gibt es Dinge, die du im Vergleich zu Freund*innen manchmal vermisst?

Ich vermisse eigentlich nur manchmal, dass meine Mama und auch mein Papa mir nicht immer spontan alles kaufen, was ich möchte. Ich hab mir dieses Jahr zum Geburtstag ein Flamingo-Schwimmtier gewünscht. Meine Mama hat Nein gesagt, weil sie nicht so viel davon hält und wir auch schon einen Donut-Schwimmring haben. Aber auch nicht minimalistisch lebende Eltern kaufen ja nicht alles, was wir als Kinder so haben wollen. Und natürlich hätte ich mir das ja auch von meinem Geld kaufen können. Ich hab den Flamingo dann von einer Freundin meiner Mama geschenkt bekommen. Deshalb bin ich manchmal ganz froh, dass nicht alle Freunde meiner Eltern minimalistisch sind (meine Großeltern sind es auch nicht). Aber sonst vermisse ich eigentlich nichts.

Wie wichtig findest du Minimalismus für die Gesellschaft?

Ich finde Minimalismus sehr wichtig für die Gesellschaft, denn viele Menschen merken gar nicht, was sie alles tagtäglich konsumieren. Denn wenn wir mal ehrlich sind, brauchen wir wirklich die vierte Lidschattenpalette oder noch einen Fidget Spinner? Eigentlich nicht, oder? Dieser Gegenstand ist uns zehn Sekunden lang superwichtig und macht uns ganz glücklich, aber danach ist es auch schon wieder vorbei. Gerade Plastik, das wir in unglaublichen Mengen konsumieren, ist so schädlich für unsere Umwelt. Den meisten Leuten ist das bewusst und trotzdem kaufen sie immer noch in Plastik eingeschweißte Äpfel oder Klamotten, obwohl es mittlerweile so viele andere Möglichkeiten gibt.

Gibt es Bücher oder Webseiten, die du persönlich empfehlen würdest?

Ja, gibt es! (Siehe »Elenis Empfehlungen«)

Elenis Empfehlungen

Bücher

- Marie Kondo: »Magic Cleaning«
- Fumio Sasaki: »Das kann doch weg!«
- Milena Glimbovski: »Ohne wenn und Abfall«
- Hilal Sezgin: »Wieso Weshalb Vegan!«

Webseiten

- www.original-unverpackt.de
- www.peta.de
- www.greenpeace.de
- www.wwf.de

Instagram-Accounts

- justice.for.our.world
- chaaariie
- dominionmovement
- plantbaseberlin
- veganistungesund
- vanelja
- leafromveggies
- niko_rittenau
- lulusdreamtown
- gretathunberg

Youtube & Filme

- veganistungesund
- mirellativegal
- lulusdreamtown
- Dominion
(australische Dokumentation)

Einfach anfangen

Minimalismus wird in verschiedenen Familien unterschiedlich gelebt und es gibt verschiedene Wege, sich von Dingen zu trennen. Wer mit dem Aussortieren beginnt, geht manchmal radikal vor. Alles, was nicht mehr gebraucht wird, kommt in eine Kiste. Die Kiste wird vor das Haus gestellt oder wandert sofort zum Flohmarkt. Andere legen die Dinge erst einmal beiseite und schauen, ob sie sie nicht doch noch brauchen. Was nach einigen Wochen nicht hervorgeholt wurde, kann weg. Dies ist besonders mit Kindern ein gangbarer Weg, falls doch die Sehnsucht nach einem aussortierten Spielzeug noch mal aufkommt. Andere verkaufen die Dinge nach und nach im Netz und lassen sich Zeit, damit alle Sachen wirklich einen neuen Besitzer finden. Jeder hat seinen eigenen Weg, und es ist wichtig, die Wege der anderen Familienmitglieder zu respektieren.

Wohin mit den »alten« Dingen?

→ an Freunde verschenken oder verkaufen (Kinderkleidung)
→ Rundmail im Kindergarten (Kinderkleidung und Spielzeug)
→ in Social Media (Instagram, Facebook, Twitter) ein Bild einstellen oder Mitglied in speziellen Facebook-Gruppen oder regionalen Free-your-stuff-Gruppen werden (Secondhand-Gruppen gibt es zum Beispiel zu Tragetüchern, Stoffwindeln, Kinderkleidung)
→ Flohmarkt
→ Secondhandladen
→ Secondhandmärkte im Netz (Kleiderkreisel, Mamikreisel, eBay Kleinanzeigen, nebenan.de); auch »alte« Technik lässt sich meist gut im Netz verkaufen
→ gut erhaltene Sachen an Frauenhäuser, Flüchtlingsheime, Nachbarschaftszentren, Kindergärten spenden
→ fairteilt.de (Website für legale Kleidercontainer)
→ öffentliche Büchertauschregale
→ Verschenkkiste ins Haus oder vor das Haus stellen (regional unterschiedlich)
→ Upcyling: Hast du Zeit und Geschick, um aus alten Hemden und Blusen Kinderkleider zu nähen?
→ saisonales Spielzeug gut verpackt in den Keller oder auf den Dachboden bringen
→ wenn du nicht weiter weißt: www.wohindamit.org

Los geht's

Wie so oft im Familienleben ist es gut, ein Vorbild zu sein und mit den eigenen Dingen anzufangen. Wo du beginnst, entscheidest du: vielleicht beim Kleiderschrank, bei der Geschirrsammlung in der Küche oder erst einmal »nur« mit der Kosmetiktasche. Trage alle Dinge einer Kategorie zusammen. Dann nimmst du Stück für Stück in die Hand und fragst dich: Was brauche ich wirklich? Was benutze ich wirklich? Du kannst dich auch nach Marie Kondos »Magic-Cleaning«-Methode fragen: Macht mich dieser Gegenstand glücklich? Alles, was deinen Vorstellungen nicht mehr entspricht, wird aussortiert. Achte aber darauf: Ziel ist es nicht, alte und »hässliche« Sachen zu entsorgen und dafür gleich neue, hübschere zu kaufen. Im Minimalismus geht es wirklich darum, sich von den Dingen zu befreien, die keinen Wert mehr für dein Leben haben und es vielleicht nur noch beschweren.

Make it as simple as possible, but not simpler.

Albert Einstein

Nachhaltige Ordnung im Familienalltag

Vielleicht kennst du das von früheren Aussortieraktionen: Eine Weile bleibt es ordentlich und übersichtlich, dann kehrt das frühere Chaos zurück. Den Grund dafür haben wir schon mehrfach beschrieben: Minimalismus bedeutet nicht einfach nur Aufräumen, sondern ist eine Lebensweise und eine innere Haltung. Wenn wir aufräumen und ausräumen, ist das nur das Zeichen einer inneren Wandlung. Diese Wandlung ist es, die wir im Alltag beibehalten müssen, um wirklich nachhaltig Ordnung zu schaffen. Sie ist es auch, die wir in den Familienalltag übernehmen müssen.

Konsequente Änderungen

Wenn du nachhaltig etwas ändern möchtest, musst du konsequent sein. Nicht mit deinen Kindern, sondern vor allem mit dir selbst. Jedes Ding hat im Zuge des Aufräumens oder Umräumens seinen Platz bekommen. Nun gilt es, es diesem Platz immer wieder konsequent zuzuführen. Anfangs ist das vielleicht noch schwer und du verfällst häufiger in den Gedanken: »Ich lege das kurz hierhin und räume es später weg.« Erledigst du die Dinge jedoch gleich, gewöhnst du dir neue Routinen an und irgendwann ist es selbstverständlich. Auch deine Kinder lernen so durch dein Vorbild, dass jedes Ding an seinen Platz zurückkehrt. Auch das Neinsagen (Refuse) bereitet am Anfang oft Schwierigkeiten: die Cremeprobe aus der Apotheke, der Kugelschreiber beim Meeting ... Übe das freundliche Ablehnen und genieße die Freiheit, dadurch weniger aufräumen zu müssen.

Regelmäßigkeit

Von heute auf morgen wird sich deine Wohnung nicht ändern. Aber du kannst große Schritte vorankommen, sobald du einmal begonnen hast. Plane immer wieder Reflexionszeiten ein, in denen du noch einmal durchgehst, was du aktuell brauchst, was vielleicht doch nicht richtig ist und wo du dir den Familienalltag noch erleichtern kannst. Und sei bei aller Konsequenz mit dir selbst auch nachsichtig: Es ist auch normal, dass Wohnungen und das Leben immer im Wandel sind.

Tipp

Mach den Vorher-nachher-Vergleich: Fotografiere den Kleiderschrank, das Wohnzimmer, den Küchenschrank oder das Kinderzimmer vor und nach dem Aussortieren und freu dich über den Unterschied.

PORTRÄT

Leben mit wenig Geld

Linda Zerfass lebt Achtsamkeit und Minimalismus. Nicht nur privat, sondern auch in ihrer Arbeit als Yogalehrerin, Hypnobirthing-Kursleiterin und Coach. Dahin gekommen ist sie schon vor vielen Jahren, bevor ihre Kinder da waren und bevor Minimalismus überhaupt zu einem Trend oder einer Bewegung wurde. Und auch schon bevor sie in Berlin lebte, wo es vergleichsweise einfacher und gewöhnlicher ist, so zu leben wie sie, als in ihrer Geburtsstadt Wolfsburg. Generell ist es aber nicht immer einfach. Besonders nicht in Lebensphasen, in denen Zeit und Geld knapp sind. Zeitweise leben Linda und ihr Partner mit drei Kindern von Hartz IV, obwohl sie berufstätig sind.

Schon 2007 begann Linda vegan zu leben, nachdem sie sich in ihrer frühen Jugend mit Ernährung, Hunger in der Welt und den Gründen dafür auseinandergesetzt hatte. Sie wollte einen alternativen Weg gehen, den sie schließlich eigenständig beschritt. Vegan zu leben war für sie letztlich »der kleinste Schritt, den ich tun kann, um etwas zu ändern.« Da sie in ihrer Geburtsstadt dazu nur wenig Austausch hatte, vernetzte sie sich vor allem auch über Social Media mit anderen, die ihre Gedanken schon damals mittrugen.

Als sie 2011 ihr erstes Kind bekam, war sie schon ganz in diesem Mindset. »Ich hatte Leboyers ›Sanfte Geburt‹ und Jean Liedloffs ›Auf der Suche nach dem verlorenen Glück‹ schon lange vor der ersten Schwangerschaft und Geburt gelesen. So wurde ich in den fragilen Phasen des Elternwerdens nicht verunsichert.« Keine Krankenhausgeburt, vegane Familienernährung, Waldkindergarten und ökologisch vertretbare Kleidung waren und blieben ihr Ziel. Ihre Kinder wuchsen genau in ihre Lebenshaltung hinein, wobei es ihr immer wichtig ist, Vorbild zu sein, aber keinem ihren Weg aufzuzwingen. »Wenn sie auf einem Geburtstag Kuchen mit Ei und Gummibärchen essen wollen, können sie das natürlich.« Ihr Partner trägt diese Grundhaltung mit.

Der Familienalltag mit drei Kindern ist nicht immer einfach. Gerade dann nicht, wenn das Geld knapp ist und die Ideale dennoch groß sind. »Wenig Geld zu haben, muss kein Hindernis sein, um achtsam mit Ressourcen umzugehen, macht es aber wesentlich schwieriger«, erklärt Linda. Denn wer wenig Geld hat, muss viel Zeit investieren, wie sie gelernt hat. Wenn man sich keine Gedanken über die Ausgaben machen muss, lassen sich leicht Plastikdosen durch Metall ersetzen und man kann entspannt auch teurer einkaufen, ohne weite Wege zurücklegen zu müssen. Gerade

Linda Zerfass,
Yogalehrerin und Coach
in Berlin (@the.urban.nature,
www.theurbannature.de)

Wir wünschen uns zu Feiertagen Gemeinschaftsgeschenke oder schenken den Kindern auch manchmal Dinge, die sie dann gemeinsam bespielen.

bei Kinderkleidung ist es praktisch, einfach im Laden einzukaufen und später diejenige zu sein, die hinter dem Flohmarktstand steht und nicht davor. Mit wenig Geld heißt es aber, erfinderisch zu werden und vor allem Zeit investieren zu müssen: Auf eBay Kleinanzeigen nach Regenhosen für Kinder zu suchen, nimmt viel Zeit in Anspruch. Auch durch Secondhandläden auf der Suche nach passender Kleidung zu laufen, ist zeitintensiver. In Berlin findet Linda auch immer wieder tolle Sachen auf der Straße, die für den Sperrmüll gedacht waren – Zufallsfunde. »Einige Menschen werfen Dinge weg, nur weil sie sie nicht mehr haben wollen, nicht, weil sie defekt sind.« In Lindas Familienalltag gab es immer wieder Phasen, in denen sie Zeit hatte für intensives Suchen und auch viel selbst machen konnte: Brot backen, Aufstriche und Pflanzenmilch herstellen, weit mit Rad oder öffentlichen Verkehrsmitteln fahren, um verpackungsfrei einzukaufen. Selbst hergestellte Sachen können preisgünstiger sein als gekaufte Fertigprodukte. Das Selbermachen erfordert aber die Ressource Zeit in großem Ausmaß.

Manchmal gibt es Phasen, in denen nicht nur das Geld, sondern auch die Zeit knapp ist – besonders in einer kinderreichen Familie mit vielen Aufgaben. »Geld macht nicht glücklich«, das stimmt auch für Linda, aber »Geld kann Sorgen nehmen und Stress reduzieren«. Wichtig ist für sie vor allem, einen guten Alltag zu organisieren. Manchmal ist es eben eine ganze Zeit lang nicht möglich, im Unverpacktladen oder im Biomarkt einzukaufen, da im Arbeitsalltag und ohne Auto die Zeit für längere Fahrten fehlt und die nahe gelegenen Einkaufsmöglichkeiten zu teuer sind. Dann achtet sie besonders darauf, dass sie mit ihrem Partner eine gute Planung macht. Sie setzen sich zusammen hin und überlegen, wer wo welche Besorgungen übernehmen kann. Eine ihrer Freundinnen näht ihr gelegentlich Kinderkleidung aus alten Stoffen und Pullovern. Ein umständlicherer Weg, als einfach schnell im Laden etwas auszusuchen, auch wenn es ein liebevoller Freundschaftsdienst ist.

Routinen und eine gute Planung sind für Linda besonders wichtig, um ihren Vorstellungen von ihrem Leben nahe zu kommen. Daneben gibt es die Alltagsbereiche, in denen sie ihre Ziele recht leicht umsetzen kann, in jeder Phase ihres Lebens: »Ich habe immer Beutel dabei für den Einkauf und habe schon lange keine Plastiktüten mehr benutzt. Zu Hause nutzen wir Stoffservietten und -taschentücher. Wir haben keine Frischhalte- und Alufolie und bei großen Anschaffungen wünschen wir uns zu Feiertagen Gemeinschaftsgeschenke oder schenken den Kindern auch manchmal Dinge, die sie dann gemeinsam bespielen.« Bei allen Idealen ist es wichtig, nichts zum Dogma zu machen, weiß sie. Minimalismus und Achtsamkeit sind für sie eine Lebenseinstellung und innere Haltung, nicht der Trend, teure Naturkosmetik kaufen zu müssen oder hochwertige Edelstahl-Bambus-Brotdosen. Minimalismus orientiert sich an der jeweiligen Lebenssituation und kann ganz unterschiedlich aussehen. Man macht, was eben gerade möglich ist. Luxus, das ist für Linda, dass sie einer Arbeit nachgehen kann, die sie glücklich macht. Auch wenn das manchmal bedeutet, woanders Abstriche machen zu müssen.

Einfachheit, Schlichtheit, aber kein Dogma – das sind Lindas Grundsätze.

Pädagogik

Minimalismus in der Pädagogik ist eine Lebenshaltung, bei der die Beziehung zu den Kindern im Mittelpunkt steht. Wir als Eltern sind gefordert, unseren Kindern die Werte vorzuleben, die wir ihnen mitgeben wollen, und feinfühlig auf ihre Bedürfnisse einzugehen.

Ganzheitliches Familienleben

Viele Erziehungskonzepte geben uns Regeln und Richtlinien vor, wie wir uns Kindern gegenüber verhalten sollen und wie wir ihr Verhalten beeinflussen können, um sie zu einem bestimmten Ziel zu führen. »Nimm sie nicht bei jedem Mucks hoch, sonst verwöhnst du sie« oder »Das Kind muss lernen, allein einzuschlafen« sind Ratschläge, die man in diesem Zusammenhang häufig hört. Oftmals schränken Konzepte, die Regeln aufstellen, ein und irritieren mehr, als dass sie wirkliche Unterstützung geben. Denn Kinder wachsen nicht in einem Vakuum auf, sondern immer in einer Interaktion mit anderen Menschen und der gesamten Umwelt. Sie sind von Anfang an Individuen mit individuellen Bedürfnissen und Temperamenten. Nicht jeder Ratschlag passt zu jedem Kind und jeder Familie, das hast du sicher selbst schon erlebt. Die Idee eines Baukastenprinzips im Sinne von »Tu dies und jenes und du erhältst ein tolles Kind« ist verlockend, aber realitätsfern. Das Leben mit Kindern und ihr Wachsen beginnt nämlich mit uns. Es beginnt mit dir und deinen Werten und nicht mit Checklisten, die du abarbeiten kannst. Welche Werte in deiner Familie richtig und stimmig sind, bestimmt ihr als Familie. Daher sind Werte in verschiedenen Familien unterschiedlich gewichtet: Authentizität, Respekt gegenüber Mensch und Tier, Anerkennung von Autonomie, Demokratie, Gleichwürdigkeit. Setzt euch zusammen und besprecht als Eltern, welche Werte euch wichtig sind und was eure Familie trägt. Familienleben kann nur ganzheitlich gedacht werden, denn alles in uns und um uns herum nimmt Einfluss darauf.

Wir sollten uns nicht von wohlmeinenden Ratschlägen oder Erziehungskonzepten leiten lassen, sondern von unseren Werten und den Bedürfnissen unserer Kinder. So wird unser Familienleben einfach und authentisch.

Es ist nie zu spät
für eine glückliche
Kindheit.

Einfach Eltern sein

Das beste Bild von Frauke Ludwig und Diana Schwarz macht man sich, wenn man sie bei ihrer Arbeit live erlebt: als Ausbilderinnen von Trageberater*innen und Babykursleiter*innen oder inmitten des alle zwei Jahre stattfindenden Attachment Parenting Kongresses. Hier gehen sie ihrem Herzensthema nach: Familien nahebringen, wie »Einfach Eltern« geht.

Kennengelernt haben sich die Architektin Frauke und die Bürokauffrau Diana im Forum »Stillen & Tragen«. Hier haben sie sich mit anderen ausgetauscht, nachdem sie beide ihr erstes Kind bekommen hatten. Und hier haben sie auch den Weg zu einer Trageberaterinnenausbildung gefunden. Zu ihrem ersten Treffen außerhalb des Internets haben sie sich vor dem Beginn der Ausbildung verabredet, als sie ihre zukünftige Arbeit bei der Industrie- und Handelskammer anmeldeten. Nach diesem »Blind Date« haben sich ihre Wege verbunden und nie wieder getrennt. Frauke ging nicht mehr ohne Diana und umgekehrt. Gemeinsam gründeten sie 2013 die Trageschule Hamburg und »Einfach Eltern« und erfanden die »Einfach Eltern Challenge», bei der Eltern in 20 Tagen die Beziehung zu ihrem Kind mit ganz einfachen Mitteln wie Tragen, Stillen, Co-Sleeping und promptem Reagieren vertiefen. Gleichzeitig sind Frauke und Diana noch einmal schwanger geworden, recht gleichzeitig haben sie ihre Partner verlassen und später neue Partner gefunden. Zwei Freundinnen, die zusammen durch die Höhen und Tiefen des Lebens gehen. Schließlich riefen sie den Attachment Parenting Kongress ins Leben, der Menschen zusammenbringt, die aktuell über bindungsorientierte Elternschaft sprechen, und der 2018 von 650 Teilnehmer*innen besucht wurde.

Nähe statt Ersatzobjekte

»Es ist nicht einfach, Eltern zu sein, aber man kann es sich einfach machen«, erklärt Frauke, »denn Kinder brauchen eigentlich gar nicht so viel, wie man oft denkt.« »Vor allem brauchen sie keine Elternersatzobjekte«, ergänzt Diana. Elternersatzobjekte, erklären sie, sind all die vielen Dinge auf dem Markt, die die Funktionen übernehmen, die sonst den Eltern überlassen sind. Dinge, die den Kindern vorgaukeln, von Armen geschaukelt zu werden. Dinge, die Körperwärme und Nähe vortäuschen. Diese Dinge anzuschaffen ist nicht nur unnötig, erklären Frauke und Diana, sie können auch die Bindung negativ beeinflussen. Denn wenn die Bedürfnisse von Kindern nach Nähe, Fürsorge und Körperkontakt von Ersatzobjekten befriedigt werden, sind Eltern und Kinder einander nicht nah. Wenn sie einander aber nicht nah sind und die Babys damit vielleicht auch zufriedenzustellen sind, kann sich zwischen Eltern und Kind eine Distanz entwickeln. Auch wenn echter Körperkontakt fehlt, kann sich das nach Ansicht von Diana und Frauke langfristig negativ auswirken. »Eine körperkontaktlose Zivilisation führt zur Verhärtung«, erklärt Diana. Natürlich gibt es Hilfsmittel, die wir brauchen oder die uns im Alltag manchmal unterstützen können. Aber: »Die Dosis macht das Gift«, erklärt Frauke lachend und ist sich der Übertreibung bewusst. »Federwiegen sind beispielsweise eine Erleichterung, wenn das Baby häufig weint oder um das Kind ab und zu mal abzulegen. Aber wir sollten unsere Kinder trotzdem auch in den Arm nehmen und am Körper schaukeln.«

Frauke Ludwig und Diana Schwarz leben und lehren einfache Elternschaft.

Die Bedürfnisse des Babys erkennen und beantworten

Gerade Babys brauchen nicht viel und die Liste an Hilfsmitteln, die Eltern weglassen können, ist lang. Was Eltern wirklich brauchen, lässt sich den beiden zufolge schnell aufzählen. Es sind nämlich vor allem Unterstützung und Information. Eine gute Trageberatung, eine Stillberatung, eine Hilfe zu Hause oder eine Mütterpflegerin sowie die Fähigkeit, die Signale des Babys zu erkennen und angemessen beantworten zu können. »Viele Probleme gerade am Anfang lösen sich auf, wenn wir wirklich zuhören und das Baby verstehen lernen. Dann lassen wir uns auch nicht so leicht verführen, verschiedene Hilfsmittel einsetzen zu wollen«, erklärt Diana. »Babys drücken sich beispielsweise schon sehr gut mit Lauten aus. Wir haben nur verlernt, diese Laute zu interpretieren. Ein ›Neh‹ bedeutet etwas anderes als ein ›Owh‹. Wenn wir die Fähigkeit, unser Baby zu verstehen, wiedererlangen, müssen wir nicht alle möglichen Dinge durchprobieren, um das zu finden, womit das Baby zufrieden ist.« Auch das Tragen empfehlen die beiden nicht nur, um sich den Alltag einfach zu machen, sondern um Problemen vorzubeugen, die viele Eltern später mit viel Energie und oft einem großen Aufwand an Hilfsmitteln aus der Welt zu schaffen versuchen. »Babys, die getragen werden, weinen 50 Prozent weniger, schlafen in der Regel besser, können Eindrücke besser verarbeiten, haben eine bessere Verdauung. Außer der Nahrung brauchen Babys daneben gar nicht mehr viel«, erklärt Diana. Ihnen gehe es darum, Eltern zu vermitteln, dass Elternsein eigentlich so einfach sein kann. Die Beziehung geht immer vor, geben Frauke und Diana den Eltern in ihren Kursen mit auf den Weg.

App-Tipp

Diana und Frauke empfehlen die Dunstan Baby App, die das eigene Gehör schult, um die unterschiedlichen Babylaute zu unterscheiden und den Bedürfnissen richtig zuzuordnen.

Nachhaltigkeit und Minimalismus in der Pädagogik

Auch wenn das Wort »Nachhaltigkeit« zurzeit in aller Munde ist und vor allem in der Werbung häufig verwendet wird – der Gedanke von »Nachhaltigkeit« ist in der Menschheitsgeschichte fest verankert (siehe S. 188) und heute vor allem dann sinnvoll, wenn wir eine lebenswerte Umgebung für unsere Kinder schaffen wollen. Der minimalistische Ansatz findet sich in vielen pädagogischen Strömungen, lange bevor Minimalismus ein »Hype« wurde: im minimalistischen Kinderzimmer nach Montessori etwa, über das Anna Christina Jost (siehe S. 39) berichtet, aber auch in der Waldorfpädagogik, wo einer einfachen Spielumgebung und einfachen Spieldingen großer Wert beigemessen wird, damit sich die kindliche Fantasie entfalten kann. Beim Situationsansatz nach Zimmer, nach dem Erzieher*innen in manchen Kindergärten arbeiten, geht es darum, aktuelle Themen im Alltag der Kinder aufzugreifen und gemeinsam zu bearbeiten. In vielen Kindergärten und bei vielen Familien zu Hause findet sich auch das »spielzeugfreie Zimmer«.

Was macht Kinder glücklich?

Wenn wir Eltern werden, stellen wir uns früher oder später die Frage: Was brauchen Kinder? Was brauchen sie, um glücklich zu sein? Es klingt so einfach und dennoch kompliziert zugleich: Kinder sind glücklich, wenn Eltern feinfühlig auf ihr Bedürfnis nach Sicherheit, Nahrung, Schlaf, sozialem Miteinander, Wertschätzung und Selbstverwirklichung eingehen. Die Befriedigung all dieser Bedürfnisse ist für alle Kinder gleichermaßen wichtig. Wenn Kinder sich von uns verstanden fühlen, legen wir damit einen wichtigen Grundstein für eine sichere Bindung.

Alle Familienentscheidungen sollten wir immer anhand der Frage treffen: Was macht das mit unserer Beziehung?

Die Orientierung an den Bedürfnissen nimmt jedoch immer auch die gesamte Gesellschaft in den Blick. Denn nur wenn wir sicherstellen, dass die Grundbedürfnisse aller befriedigt werden, können wir die Grundbedürfnisse Einzelner beispielsweise nach Sicherheit und Ernährung wahren. Nachhaltigkeit, Chancengleichheit und soziale Verantwortung wirken sich daher langfristig auch auf das Glück unserer Kinder und ihre Bedürfnisbefriedigung aus. Bedürfnisorientierung sollte daher nicht nur individuell, sondern gesamtgesellschaftlich und global gedacht werden. Dabei sollten wir immer beachten: Es gibt nicht das Bedürfnis nach einem bestimmten Kinderwagen, nach einer bestimmten Menge von Spielzeug oder nach dem Material der Matratze. Bedürfnisbefriedigung füllen wir zunächst mit Taten und dann mit den jeweiligen Dingen, die uns in unserer aktuellen Situation möglich sind.

Was macht Eltern glücklich?

Die Bedürfnisse unserer Kinder stehen nicht im luftleeren Raum. Wir müssen sie abwägen mit unseren eigenen Bedürfnissen, denn unsere Zufriedenheit steht im Wechselspiel mit dem kindlichen Wohlergehen. Wir Eltern brauchen einen einfachen Familienalltag, um Stress zu minimieren. Denn nur so können wir überhaupt einfühlsam auf kindliche Bedürfnisse eingehen. Dafür ist es gut, unseren Mental Load zu minimieren (siehe S. 170) und die eigenen Bedürfnisse im Blick zu behalten. Es sind genau dieselben Bedürfnisse, die auch die Kinder haben, nur in einer erwachsenen Ausprägung. Auch Eltern brauchen Sicherheit, Nahrung, Schlaf, soziales Miteinander, Wertschätzung und Selbstverwirklichung. Um uns selbst etwas Gutes zu tun, sollten wir diese Bedürfnisse befriedigen. Das schaffen wir, indem wir unseren Alltag vereinfachen und uns Unterstützung holen.

Kinderbedürfnisse und Elternbedürfnisse können sich zuweilen unterscheiden. Die Schnittmenge, an der wir uns orientieren können, ist immer die Beziehung. Alle Entscheidungen im Familienalltag sollten wir anhand der Frage treffen: Was macht das mit unserer Beziehung?

Sind eure Bedürfnisse im Gleichgewicht? Und wenn nicht: Um welche solltest du dich kümmern?

Eltern	*Kind*
Sicherheit	Sicherheit
Nahrung	Nahrung
Schlaf	Schlaf
soziales Miteinander	soziales Miteinander
Wertschätzung	Wertschätzung
Selbstverwirklichung	Selbstverwirklichung

INTERVIEW

Mein Weg aus der Erziehung

Wer sich mit der »unerzogen«-Bewegung auseinandersetzt, trifft früher oder später auf Ruth Abraham. Sie ist eine der Vorreiterinnen in Sachen gewaltfreies Leben mit Kindern und Befreiung von den althergebrachten Glaubenssätzen der Erziehung. Leben mit Kindern, so beschreibt es die studierte Soziologin, sollte auf Augenhöhe stattfinden, ohne Machtgefälle, ohne Druck. Reduktion auf das, was wirklich wichtig ist: die Beziehung.

Wir können unseren Kleiderschrank von den Kleidungsstücken befreien, die wir nicht mehr tragen. Wir können uns beim Aussortieren von Dingen fragen: Was macht mich glücklich, was brauche ich wirklich? Aber sich von Erziehung befreien – wie geht das, Ruth?

Nun, zunächst einmal muss ich wissen, ob ich das wirklich will. Es ist nämlich nicht ganz ohne Risiken und Nebenwirkungen. Erziehung ist ja tief verankert in dieser Gesellschaft und nicht selten im eigenen Kopf. Erziehung aufspüren bedeutet, dass ich zunächst einmal beobachten darf, worum es mir geht, wenn ich mit meinem Kind interagiere. Nicht selten kommen uns nämlich in unserem Alltag Ideen davon in den Weg, wie Kinder (und auch wir) zu sein haben. Nehmen wir als Beispiel »gute Manieren«. Entgegen aller Forschungen und Logik zu dem Thema haben wir noch immer sehr leicht die Vorstellung: »Wenn dieses Kind nicht lernt, sich zu bedanken, wird es ein undankbarer Tyrann«. Das ist Erziehung – der Gedanke, dass ich heute forme, was mein Kind morgen ist, und das auch gezielt tun sollte.

Wenn ich Erziehung also loswerden will, muss ich einen Blick auf meine eigene Motivation werfen: Warum tue ich, was ich tue? Was ist mir daran wichtig? Woher kommt meine Vorstellung, dass ein Kind nicht sozial wird, wenn ich es nicht zu Handlung X zwinge? Diese Fragen können zunächst sehr unangenehm sein, dann jedoch unendlich befreien. Ich habe es oft erlebt. Zu guter Letzt ist es immer wieder das Vertrauen, dass Kinder immer lernen und so, wie sie sind, wenn sie auf die Welt kommen, gut und sozial veranlagt sind. Jeder Versuch, sie zu formen, torpediert langfristig ebendiese Anlage.

Ruth Abraham (@der_kompass) hat sich von Erziehung befreit.

Was kommt dann nach der Erziehung?

Danke für diese Frage. Wir sind ja oft in der Vorstellung gefangen, dass das Gegenteil von Erziehung irgendetwas Schreckliches ist, weil Eltern sich dabei bis zur Erschöpfung übergehen und Kinder sich schrecklich verhalten. Beides ist nicht der Fall. Nach Erziehung kommt authentische Beziehung. Ich weiß, beide Begriffe sind ausgelutscht, aber es ist unfassbar, wie viel liebevoller ich agieren kann, wenn die Idee des defizitären Kindes, dem ich Dinge beibringen muss, damit »es das auch mal lernt«, in meinem Kopf ersetzt wird von der Idee, dass wir alle, also auch ich, immer unser Bestes tun – auch wenn das mal Mist ist. Dann kann ich nämlich konkrete Lösungen suchen. Anstatt dem Kind »beizubringen« im Restaurant stillzusitzen (was natürlich kein Beibringen ist, sondern Gehorsam, der keine tiefe Einsicht darstellen kann), kann ich Lösungen finden, unbeschwert von der Idee, was mein Kind wird. Ich kann mein Essen mitnehmen, ein schönes

> *Das Wesentliche im Zusammenleben von Eltern und Kindern ist die Qualität unserer Beziehung.*

Spielzeug mitnehmen und vieles mehr, weil die Limitation der Interaktion nicht mehr bei der Erziehung liegt, sondern lebendige Beziehung wird: Es geht um das, was gerade in diesem Moment für alle Beteiligten wichtig ist.

Jenseits von Erziehung ist aber auch das, was ich bin, jenseits von der Idee, wie ich zu sein habe. Ich bin immer erstaunt, wenn Menschen davon ausgehen, dass das Leben ohne Erziehung Aufopferung für das Kind ist. Ich erlebe es andersherum. Die Befreiung von Erziehung ist auch die Befreiung von der Idee, wie ich als Elternteil zu sein habe. Wenn ich erziehe, muss ich beispielsweise immer gleich reagieren, wenn mein Kind etwas tut, was ich falsch finde. Das ist auch logisch, denn meine oberste Prämisse ist ja, dass es aufhört. Wenn meine oberste Prämisse aber unsere Beziehung wird, dann ist der Ausdruck dessen, was in mir lebt, das Wichtigste. Und das ist von Moment zu Moment verschieden. Mit anderen Worten: Das Wie wird wichtiger als das Was.

Wie verlief dein persönlicher Weg zu dieser Erkenntnis?

Auf zwei Wegen, die ich lange nicht zusammenbekommen habe. Der eine Weg war mein Studium. Ich beschäftige mich darin schon lange mit den Themen Gewalt und Macht und mit gesellschaftlichen Mechanismen zur Kommunikation derselben. Da wurde sehr früh für mich klar, dass wir dieses Wissen viel zu wenig in die Praxis umsetzen. Die hoch komplexen Diskurse zur Ethik klammern das Thema Kinder allzu oft aus. Die Frage nach Machtmissbrauch und die soziologischen Theorien dazu beziehen sich auf alles, nur nicht auf Kinder. Warum? Bei der Beantwortung der Frage stieß ich auf die strukturelle Diskriminierung von Kindern, die die Antipädagogik, allen voran Ekkehard von Braunmühl, seit den 1970er-Jahren kritisiert.

Der andere Weg war mein persönlicher mit meinen Kindern. Ich spürte immer wieder, dass das, was ich meinen Kindern beibringen wollte, und das, was ich tat, nicht zusammenpasste. Ich wollte ihnen Respekt beibringen und sie hatten Angst. Ich wollte, dass sie froh und dankbar sind, und tat Dinge, die sie nicht froh und dankbar, sondern wütend machten. Ich spürte, dass meine Werte und meine Handlungen massiv auseinanderfielen. Auch da führte mich der Weg in die Antipädagogik.

Im Minimalismus geht es um die Reduktion auf das Wesentliche. Was ist das Wesentliche im Zusammenleben von Eltern und Kindern?

Die Qualität unserer Beziehung. Denn wenn wir ehrlich sind, können wir nicht viel von dem kontrollieren, was unsere Kinder sind oder erleben werden. Die Welt verändert sich rasant. Das, was wir ihnen heute beibringen wollen, ist morgen vielleicht schon irrelevant. Was heute als richtig gilt, ist morgen vielleicht schon falsch. Das Einzige, was wir heute sicher wissen und was wir als Eltern komplett in der Hand und damit in unserer Verantwortung haben, ist die Qualität unserer Beziehung zum Kind. Damit meine ich nicht, dass wir uns mal Zeit für die Kinder nehmen, sondern ich meine *jede* Interaktion. Wenn ich erziehungsfreies Leben als Minimalismus beschreibe, dann meine ich vor allem das Weglassen pädagogischer Intentionen. Anstatt mich zu schämen, was die Nachbarn denken, wenn das Kind im Regen spielt, kann ich mich freuen (oder mitspielen). Anstatt mich mit Schuldgefühlen zu belasten, kann ich schauen, wie ich lernen darf aus dem, was ich nach meinem heutigen Wissen falsch gemacht habe. Anstatt mein Kind zu sinnlosem Gehorsam zu zwingen, was heute eher »Konsequenz« oder »Bitten« genannt wird, kann ich mich fragen, welche Wege es noch gibt, damit mir erfüllt wird, was ich brauche, ohne dass ich unsere Beziehung mit machtvollen Übergriffen gefährde.

Welche Faktoren hemmen uns als Eltern und welche Faktoren unterstützen uns darin, im Moment und in der Beziehung zu leben?

Was uns hemmt, ist vor allem die tief in dieser Gesellschaft verwurzelte Idee, dass Erziehung in irgendeiner Form notwendig sei und Menschen nicht von sich aus daran interessiert sind, sozial und an die jeweiligen Umstände angepasst zu sein. Hinzu kommt die erst seit einigen Jahrzehnten vor allem durch die Neurowissenschaften herausgeforderte Idee, dass Menschen nur lernen, wenn wir ihnen Dinge beibringen. Stattdessen weiß man heute, dass wir alle immer lernen, weil das unserem Gehirn entspricht.

Diese tief verwurzelten und häufig nicht bewussten Ideen, die hinter Glaubenssätzen wie »Kinder brauchen Grenzen« und ähnlichen allgemeinen Aussagen stehen, sind sehr herausfordernd, wenn wir sie überwinden wollen. Ich kann mich gut an die Zeit erinnern, als ein Teil in mir vertrauen wollte, der andere mir aber immer wieder einflüsterte: »Was, wenn sie das *niemals* lernen?!« Das zu überwinden, braucht viel Übung.

Der Faktor, den wir am besten beeinflussen können, wenn wir Beziehung leben wollen, ist die Erfüllung unserer eigenen Bedürfnisse. Ich bin tief überzeugt davon, dass Erziehungsfreiheit bei uns selbst beginnt. Das Wichtigste und Hilfreichste, was wir also tun können, ist, uns selbst zu unterstützen, genau wie wir sind. Anstatt uns niederzumachen, wenn wir wütend werden, können wir unsere Wut anschauen und rechtzeitig gegensteuern, indem wir häufiger und früher unsere eigenen Bedürfnisse erfüllen. Ich glaube, dass erfüllte Bedürfnisse bei Erwachsenen sofort die Sehnsucht nach altbekannten Mechanismen im Umgang mit anderen mindern.

Würdest du das Leben mit Kindern ohne Erziehung als pädagogischen Minimalismus bezeichnen?

Nein. Denn ich benutze in der Tradition der »unerzogen«-Bewegung Erziehung und Pädagogik synonym. Das bedeutet, dass nicht die Anzahl der pädagogischen Interaktionen minimiert wird (obwohl das immer ein guter Ansatz für den Anfang ist). Vielmehr geht es darum, pädagogische Ideen ganz sein zu lassen. Es passiert am Ende im Kopf und ist nicht immer leicht zu entdecken: Bin ich gerade bereit, mein Kind ganz als Gegenüber anzusehen, und finde ich die Lösung, die der gewaltigen Macht, die ich habe, gerecht wird? Oder bin ich doch, bewusst oder unbewusst, in einer Beziehung gefangen, in der ich mein Kind zu etwas machen will? Beides geht nicht. Entweder ich begegne meinem Kind als Subjekt, als fühlendem Menschen mit allem, was dazugehört, oder ich habe die Idee, dass ich es formen darf und kann – dann wird es zum Objekt.

Und damit ich nicht falsch verstanden werde – pädagogischer Minimalismus ist meines Erachtens nicht falsch. So freundlich wie möglich und so wenig wie möglich zu intervenieren ist zum Glück im Vormarsch. Ich glaube jedoch, dass erst der Verzicht auf Erziehung Kinder in ihrer Würde ganz achtet. Ich glaube, es ist wichtiger, dass wir uns als echte Menschen begegnen – auch im Konflikt, der natürlich trotzdem immer auftritt, auch wenn wir wütend und hilflos und genervt sind – als dass wir erziehen und damit keine echte Begegnung möglich machen.

Grundgedanken des Minimalismus für Eltern

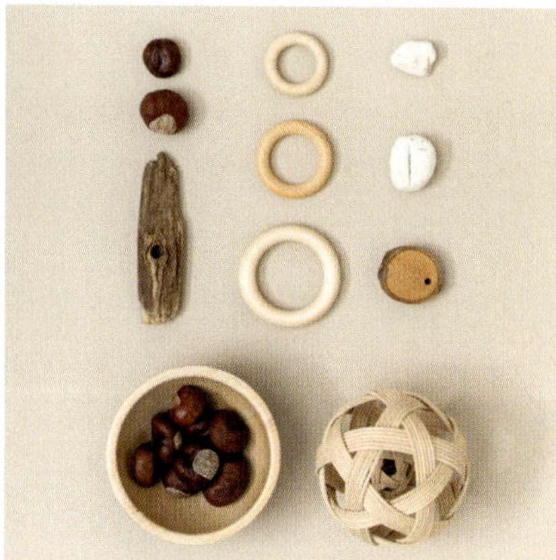

1

Beziehung steht vor Erziehung.

2

Es gibt nicht den einen immer richtigen Weg. Es gibt viele Hilfsmittel, die dir den Bindungsaufbau erleichtern können (von Stillen über Tragen bis Co-Sleeping), und jede Familie wählt den Weg, der stressfrei zu ihr passt.

3

Kinder brauchen geistigen, räumlichen und dinglichen Freiraum für ihre Entwicklung. Neugier und Fantasie sind Motoren der Entwicklung.

4

Die Reduzierung von Stress auslösenden Faktoren im Familienalltag ist wichtig, um negativem Erziehungsverhalten vorzubeugen und Eltern zu entlasten.

5

Zeit statt Zeug im Familienalltag.

6

Familienglück ist nicht käuflich. Teure oder zahlreiche Spielsachen und Möbel oder eine Menge Kinderkleidung schaffen nicht per se eine glückliche Kindheit.

7

Reduktion schafft Freiräume für Interaktion.

8

Das Kind bestimmt das Spiel. Freiheit des Spiels ist dann möglich, wenn wir unsere Rollen- und Geschlechtsvorstellungen nicht auf Kinder übertragen, ebenso wenig unsere Konsumgedanken.

INTERVIEW

Einfach leben mit Montessori-Pädagogik

Anna Christina Jost lebt mit ihrem Mann und ihren beiden Kindern in Wien. Sie studierte Pädagogik in den Fächern Mathematik und Biologie und absolvierte eine Diplomausbildung an der Montessori-Akademie in Hütteldorf. Montessori lebt sie nicht nur in ihrer pädagogischen Grundhaltung, sondern auch in der Raumgestaltung und im Alltag mit ihren Kindern, die nicht nur das Montessori-Kinderhaus, sondern auch eine Montessori-Grundschule besuchen. »Je mehr ich verstand, umso größer wuchsen Kinder in meinen Augen und umso mehr konnte ich selbst über Dinge in der Welt staunen«, beschreibt sie ihren eigenen Weg, den sie auch auf ihrem Blog www.elternvommars.com nachzeichnet.

Anna, was ist Montessori-Pädagogik für dich und wie bist du dazu gekommen?

Über die Montessori-Pädagogik hörte ich zum ersten Mal im Rahmen meines Lehramtstudiums. Ich lernte, dass es eine »Pädagogik vom Kinde aus« ist, wo Kinder als eigenständige, individuelle Persönlichkeiten angesehen werden, wobei das einzelne Kind und seine Entwicklungsbedürfnisse im Mittelpunkt stehen. Aber dass diese Pädagogik später einmal auch mich so bereichern würde, ahnte ich damals noch nicht.

Jahre später kam meine Tochter zur Welt und das änderte alles. Ich war als frischgebackene Mutter noch ziemlich unsicher und quälte mich mit Fragen rund um das Stillen, das Schlafen und was ich tun kann, wenn mein Baby abends scheinbar grundlos so bitterlich weint. Ich wollte sie verstehen und mehr über ihre Entwicklung erfahren und las auf Empfehlung von einer Freundin Bücher von Emmi Pikler, Magda Gerber und Maria Montessori. Daraufhin lernte ich von Tag zu Tag besser, mein Kind zu beobachten und ihm zu vertrauen. Ich hörte auf, ständig auf die Uhr zu schauen, wann meine Tochter wieder gestillt werden müsste, hörte auf, mich damit verrückt zu machen, wo sie am besten schlafen sollte, und hörte auf, sie ständig beschäftigen zu wollen, wenn sie wach war. Stattdessen begann ich, mich von ihr leiten zu lassen. Ich glaube, dies war der Moment, als ich anfing, Kinder mit völlig anderen Augen zu sehen.

Das war vor sechseinhalb Jahren. Seitdem habe ich bereits mein zweites Montessori-Diplom angefangen, war in einer Montessori-Schule und auch in einer Montessori-Kleinkindgruppe tätig und führe den Blog »Eltern vom Mars«, wo ich als zweifache Mutter, aber auch als Montessori-Pädagogin über unseren Familienalltag schreibe. Denn Montessori ist für mich mittlerweile mehr als »nur«

Anna Christina Jost lebt
Montessori in Beruf und Alltag.

eine pädagogische Richtung und auch mehr als »nur« mein Beruf. Es ist eine Lebenseinstellung. Die Art und Weise, wie ich Kinder sehe, wie ich sie begleite und wie ich in dieser Welt lebe.

Montessori-Spielmaterialien sind mittlerweile häufig zu finden, und auch in Schulen, die nicht explizit nach Maria Montessori arbeiten, werden Montessori-Materialien eingesetzt. Ist Montessori auch eine Modeströmung?

Ich glaube, die Genialität der Montessori-Materialien liegt darin, dass sie Kindern die Welt buchstäblich be-greifbar machen und Kinder durch sie selbstständig und lustvoll lernen können. Aber Montessori ist mehr als nur die Montessori-Materialien und es liegt nicht nur an diesen Materialien, dass Kinder in den Montessori-Einrichtungen das Lernen als etwas Natürliches und Schönes erleben. Es ist die ganze vorbereitete Umgebung und natürlich die Pädagogen, die den Kindern durch ihre respektvolle Haltung ermöglichen, selbstständig zu handeln und zu denken und sich individuell zu entfalten.

Ja, die Montessori-Materialien werden immer populärer, aber nicht nur unter Pädagogen in Schulen mit einem anderen Konzept, sondern auch unter Eltern. Viele versuchen möglichst viele dieser Materialien anzuschaffen und setzen sie entweder als Spielsachen oder als Lehrmittel ein. Kindern werden dabei die Sandpapierbuchstaben, die metallenen Einsätze und das goldene Perlenmaterial angeboten, sie müssen aber letztendlich das lernen, was ihnen vorgegeben wird, und Eltern zu Hause sind enttäuscht, wenn die Kinder trotz allem nicht schreiben, lesen und rechnen können oder die teuren Materialien kaum anrühren. Doch genau das sollte nicht passieren: Kindern gegenüber eine Erwartungshaltung haben, was sie lernen sollen, und Eltern, die denken, ohne Materialien würden sie ihren Kindern nicht genug bieten können.

Was hat Montessori mit Minimalismus zu tun?

Ich verstehe unter Minimalismus nicht einfach nur weniger zu besitzen, sondern sich mit

Erreichbar, übersichtlich, einladend – so kann ein Spielbereich nach Montessori gestaltet werden.

Dingen zu umgeben, die wirklich einen Sinn haben und eine klare Funktion. Auch bei Montessori gilt in vielerlei Hinsicht: weniger ist mehr beziehungsweise Qualität statt Quantität, sowohl zu Hause als auch in den Einrichtungen. Eine auf das Wesentliche reduzierte Umgebung ermöglicht es Kindern nicht nur, sich besser zu konzentrieren, in einen Flow zu versinken und dadurch in sich zu ruhen, sondern auch produktiv und selbstständig zu sein und diese Gegenstände nicht besitzen zu wollen, sondern einfach nur zu benutzen.

Einmal fragte mich eine liebe Freundin, warum an unserem Kinderwagen keine Spielsachen herumbaumeln, und auch von meinen Bloglesern werde ich immer wieder gefragt, wie ich das schaffe, das Kinderzimmer so schlicht zu gestalten und die Spielsachen so stark zu reduzieren. Das war nicht immer so und auch mir fällt es oft schwer, diesem Konsumwahn zu widerstehen. Aber Montessori hat mir geholfen zu verstehen, dass es nicht darum geht, Kindern immer eine Beschäftigung anzubieten, sondern zu fragen, ob die Dinge, die meine Kinder umgeben, ihrer Entwicklung wirklich dienlich sind.

Flow entsteht, wenn Kinder ganz in ihre Tätigkeit eintauchen und nicht abgelenkt werden.

Wie können Eltern mit Montessori beginnen?

Wenn mich früher Eltern um Rat fragten, wie sie Montessori zu Hause umsetzen könnten, riet ich oft, zuerst das Kinderzimmer genau unter die Lupe zu nehmen, alles in Kinderaugenhöhe zu platzieren und die Spielsachen erheblich zu reduzieren. Daran ist zwar nichts verkehrt, aber mittlerweile denke ich, dass die Veränderung zuerst nicht im Kinderzimmer, sondern bei einem selbst stattfinden muss. Bei der eigenen Sichtweise und Haltung.

Es klingt zwar seltsam, weil ich doch selbst einen Blog schreibe, aber heute rate ich Eltern, die Montessori zu Hause umsetzen möchten, all die Blogs und Spielideen aus dem Internet fürs Erste zu vergessen und stattdessen lieber Bücher zu lesen. Am besten von Maria Montessori selbst. Gleichzeitig finde ich es immens wichtig, neben Kindern auch sich selbst im Umgang mit diversen Situationen zu beobachten. Welche Interessen hat mein Kind gerade? Welche Lösungswege findet es? Was tut es mit den Händen? Und was macht es mit mir, wenn es sein Glas Wasser verschüttet, wenn es ungeduldig ist oder sich über etwas, was ihm nicht auf Anhieb gelungen ist, ärgert?

Was mir aber am meisten geholfen hat, Montessori besser zu verstehen und zu Hause zu leben, war die Montessori-Spielgruppe, die wir damals einmal in der Woche mit unserer Tochter besucht haben. Ich konnte nicht nur sehen, wie eine vorbereitete Umgebung aussieht, sondern auch, was sie bewirkt, wie Kinder sind, wenn sie frei tun dürfen, und wie die Pädagogin diese jungen Kinder dabei begleitete. Das war so wertvoll und inspirierend und motivierte mich schließlich dazu, selbst die Ausbildung zu absolvieren.

Ich weiß, nicht jeder hat diese Möglichkeit, seine Kinder eine Montessori-Spielgruppe oder eine Montessori-Einrichtung besuchen zu lassen. Aber ich denke, auch der Austausch zwischen gleichgesinnten Eltern und Montessori-Pädagogen vor Ort oder gar in diversen Foren kann sehr wertvoll sein. Vor einigen Jahren gründete ich eine Facebook-Gruppe mit dem Namen »Montessori beginnt bei Dir«, in der mittlerweile über 11.000 Eltern und Pädagogen Mitglieder sind und

Ein Kleiderschrank, aus dem sich das Kind selbst bedienen kann, geht auf die Bedürfnisse des Kindes ein.

Nach Montessori soll sich die Umgebung dem Kind anpassen, nicht umgekehrt.

sich tagtäglich über ihre Gedanken und Fragen rund um die Montessori-Pädagogik austauschen.

Montessori-Pädagogik hat viel auch mit Raumgestaltung und Übersichtlichkeit zu tun. Was sind deine Tipps für gute Kinderräume?

Was ich bis heute immer wieder tue, wenn ich im Zimmer meiner Kinder bin, ist, mich ganz einfach in der Mitte des Raumes auf den Boden zu setzen und mich auf der Augenhöhe meiner Kinder im Zimmer umzuschauen. Wie sehen eigentlich meine Kinder ihr Zimmer? Können sie die Bilder an der Wand wirklich gut erkennen? Können sie auch ohne Hilfe ihre Bücher und Spielsachen nehmen? Und auch wieder wegräumen? Kommen sie an ihren Kleiderschrank und finden sie sich darin zurecht? Ermöglicht ihnen der Raum, sich zu konzentrieren und selbstständig zu handeln?

Manchmal sind es nur kleine Veranderungen, die aber eine Menge bewirken. Vielleicht offene Regale statt verschlossene Spielschränke und wenige, dafür aber in kleineren Körbchen sortierte Spielsachen als zu viele in zu großen Laden verstaut. So wurden die Spielsachen nicht nur interessanter, auch meine Kinder taten sich leichter beim Aufräumen. Manchmal sägte ich die Beine der Möbel einfach etwas kürzer, damit meine Kinder an ihrem kleinen Tisch bequemer sitzen oder die Kleiderstange in ihrem Schrank besser erreichen konnten. Oder ich verzichtete ganz einfach auf unnötige Dekoration, wodurch der Raum plötzlich viel ruhiger und klarer wirkte.

Was, glaubst du, bringt Montessori-Pädagogik den Kindern?

Als ich zum ersten Mal eine Montessori-Schule betrat, wusste ich zwar ungefähr, was mich dort erwarten würde, aber als ich dort saß und die Kinder bei ihrer Arbeit beobachtete, sah ich völlig andere Kinder vor mir, als ich sie aus der Regelschule kannte. Das war neu für mich. Diese Kinder arbeiteten mit völliger Hingabe mit den Materialien, diskutierten zwar miteinander, aber blieben dabei stets respektvoll und gingen nicht mit der Einstellung »Was, wenn es mir nicht gelingt?« durch den Tag, sondern mit einer »Lass es uns einfach mal versuchen!«-Haltung.

Ich erlebte dann später auch Kinder in Montessori-Kleinkindgruppen und in Montessori-Kinderhäusern und bekam immer mehr die Bestätigung, dass Kinder ganz anders sind, wenn sie spüren, dass sie sich in ihrem eigenen Tempo frei entfalten dürfen, ohne dabei beurteilt oder bedrängt zu werden. Wenn sie spüren, dass wir sie bedingungslos lieben und ihren Fähigkeiten vertrauen. Denn dadurch glauben sie auch an sich selbst.

Zur Ruhe kommen bedeutet auch, Augen und Sinne ruhen lassen zu können.

MINIMALISMUS IN DER FAMILIE

Wohnen

Ein minimalistisches Zuhause soll ein Ort der Geborgenheit und des entspannten Zusammenseins sein – auch mit Kindern. Wandelt sich eine Wohnung zur Familienwohnung, kommen neue Funktionen und Aufgaben hinzu: Es stellen sich die Fragen nach Sicherheit, nach Ordnung und Aufteilung neu. Wir gestalten ein Nest, das für alle passen soll.

Wie viel Platz brauchen Kinder?

Wenn Paare ein Kind erwarten, hört man oft den Satz: »Jetzt brauchen wir eine größere Wohnung!« Das mag stimmen, wenn man der Meinung ist, dass ein Kind ein Kinderzimmer mit neuen Möbeln, viel Kinderkleidung und Spielzeug benötigt. Tatsächlich aber brauchen Kinder gerade am Anfang kein eigenes Zimmer und nur wirklich wenige Dinge (siehe Erstausstattung S. 92). Gerade in Anbetracht des knappen Wohnungsmarkts in vielen Großstädten und im Hinblick auf den Stress, den ein Umzug oft mit sich bringt, können wir entspannt bleiben: Familie kann auch in einem kleinen Rahmen stattfinden, wenn wir ihn gut gestalten. Mehr Platz bedeutet nicht gleichzeitig mehr Geborgenheit. Im Gegenteil: Mehr Platz bedeutet oft eine höhere Miete, mehr Fläche, die man aufräumen und sauber halten muss, und damit auch mehr Stress und weniger Zeit.

Überflüssiges ausräumen

Bevor wir uns fragen, ob unser Kind ein Kinderzimmer braucht, sollten wir überlegen, welche Bedürfnisse unser Kind und wir als Eltern in dieser neuen Situation wirklich haben. Das Kind will schlafen, wir Eltern wollen seine Kleidung, die Windeln und das Spielzeug ordentlich aufbewahren, und irgendwo sollte es einen Ort zum Wickeln geben. All das kann auch im Schlaf- oder Wohnzimmer seinen Platz finden. Vorausgesetzt, dass dort Platz vorhanden ist. Bevor du also über ein Kinderzimmer nachdenkst oder neue Möbel anschaffst, kannst du auch erst einmal einen Schritt zurückgehen und ausmisten. Vielleicht hattest du das ja ohnehin schon lange vor. Einmal alle Schränke und Kisten sowie die Abstellkammer durchstöbern und die Wohnung oder das Haus von Überflüssigem befreien. Ganz nach der goldenen Regel: Wenn etwas Neues hinzukommt, muss etwas Altes gehen. So bewahrt man sich davor, zu viel anzuhäufen und in einem Antiquariat anstatt einem Zuhause zu wohnen. Und wenn du ausgemistet und den Abfall entsorgt hast, werden nicht nur Möbel frei, sondern auch der Kopf. Du hast tatsächlich Platz geschaffen für den kleinen neuen Menschen in deinem Leben.

Das Ausmisten hat folgende Vorteile:

→ Du wirst dir bewusst, wie viele Dinge du bereits besitzt und wie sie sich anhäufen.

→ Bei der korrekten Entsorgung mancher Gegenstände fällt auf, wie aufwendig dies oft ist,

und du fragst dich vor dem nächsten Kauf, ob du dir diese Strapazen wieder antun möchtest.

→ Durch das Ausmisten von Kleidung und Gegenständen wird eine Menge Stauraum frei und du sparst vielleicht sogar die Anschaffung eines Kleiderschranks oder neuer Aufbewahrungsmöbel für das Kind.
→ Wenn Aufbewahrungsmöbel ganz wegfallen, entsteht mehr Platz für Kinderspielzeug oder andere schöne Dinge.
→ Du befreist dich von altem Ballast und hast den Kopf frei für einen neuen Lebensabschnitt.

Neues Leben für alte Möbelstücke

Vielleicht sind beim Ausmisten drei Schubladen im elterlichen Kleiderschrank leer geworden, die für die Babysachen ausreichen? Vielleicht ist ein kleines Bücherregal frei geworden, das du verkaufen oder verschenken kannst und an dessen Platz die Krippe passt? Vielleicht lässt sich der Abstelltisch im Flur, der nie benutzt wird, zu einem Wickeltisch umbauen? Vielleicht kannst du das Wandregal, auf dem vorher nur Bilderrahmen und eine Pflanze standen, über dem Wickeltisch anbringen, um dort alle Wickelutensilien zu verstauen? Mit etwas Kreativität kannst du alten Möbeln, von denen du dich nicht trennen willst, neues Leben einhauchen und dadurch Geld und Zeit sparen.

Die besten neuen Möbel sind gebraucht

Manchmal kommt man trotz Ausmisten nicht umhin, neue Einrichtungsgegenstände für den Nachwuchs zu kaufen. Wenn schon was Neues her muss, solltest du jedoch deinen Werten treu bleiben und möglichst sozial und ökologisch einkaufen. Die besten neuen Möbel sind die, die schon einmal verwendet wurden. Gerade Babymöbel werden gebraucht in der Regel in einem guten Zustand angeboten, da Babys schnell wachsen und Wickeltisch, Bettchen und Co. meist

Die Babykrippe findet auch einen Platz im elterlichen Schlafzimmer (unten) und alten Möbeln lässt sich neues Leben einhauchen (oben).

Kaufmannsladen, Puppenküche, Räuberhöhle oder Bücherregal – Spielräume sollten wandelbar sein.

nur kurz verwendet werden. Daher bekommt man oft eine gute Qualität zu einem Preis, der deutlich unter dem Neupreis liegt. Ein schöner sozialer Nebeneffekt: Du lernst andere frischgebackene Eltern kennen, befreist diese von Dingen, die sie nicht mehr brauchen, und kannst später den Gegenstand erneut weiterverkaufen und damit Teil dieses Kreislaufs werden.

Tipp

Ökotest und Stiftung Warentest bringen regelmäßig Tests von Kindermöbeln heraus, die die Auswahl von geeignetem Mobiliar erleichtern.

Wenn es wirklich neu sein muss

Erst wenn du merkst, dass du das richtige Stück gebraucht nicht findest, solltest du etwas Neues kaufen. Dabei solltest du auf Folgendes achten:

- → Holzmöbel sollten ein FSC-Siegel haben. Das Siegel kennzeichnet Wald- oder Holzprodukte, die aus weitgehend verantwortungsvoll bewirtschafteten Wäldern stammen.
- → Die Möbel sollten keine Schadstoffe in Holz, Lack, Kleber, Leim oder Farben aufweisen. Diese werden oft erst während der Benutzung freigesetzt. Umweltsiegel wie Blauer Engel, das RAL Gütezeichen oder eine TÜV-Kennzeichnung erleichtern die Suche.
- → Die Möbel sollten in Deutschland oder der EU hergestellt worden sein. Dies sichert lokale Arbeitsplätze und erhöht die Wahrscheinlichkeit CO_2-armer Lieferketten und einer fairen Bezahlung der Arbeitnehmer*innen.
- → Je höher die Verarbeitungsqualität, desto länger hält das Möbelstück. So kann es später weiterverkauft oder verschenkt werden.
- → Auch für die Kleinsten sind ergonomische Möbel wichtig, damit sie sich gesund entwickeln.
- → Eine sichere und einfache Handhabung wie beispielsweise mit einer Hand zu öffnende Schubladen erleichtert den Umgang mit den Produkten und verhindert Unfälle – schließlich musst du mit Baby im Arm oder später das Kind selbst damit umgehen können.
- → Möbel, die mitwachsen und umgebaut werden können, begleiten das Kind über viele Jahre und Altersstufen hinweg.

Hochwertige Möbel können von Generation zu Generation weitergegeben werden oder von Geschwisterkind zu Geschwisterkind.

Wie geht nachhaltiges Möbeldesign?

Julia Haneke ist ungeduldig, denn sie befindet sich in den letzten Tagen ihrer Schwangerschaft. Ihre kleine Tochter sollte jeden Moment kommen, aber sie lässt sich noch etwas Zeit. Gut für uns: Wir treffen die Unternehmerin auf einen Kaffee und sie erklärt, wie das so ist mit nachhaltigen Möbeln. Julia Haneke ist Regal-Expertin, seitdem sie 2013 als Mitarbeiterin bei Stocubo einstieg. 2016 übernahm sie die Firma als Eigentümerin. Stocubo produziert im Herzen von Berlin-Wedding ein modulares Regalsystem, das minimalistischer und zeitloser nicht sein könnte.

Was macht für dich ein nachhaltiges Möbelstück aus?

Wenn es aus nachhaltigen Materialien wie Holz aus regionaler, nachhaltiger Forstwirtschaft besteht und die Produktionswege so kurz wie möglich sind. Es sollte auch kein Trendstück, sondern ein zeitloses Möbelstück sein – eins, das lange hält und das man in jeder Lebenslage nutzen kann. Wichtig ist mir auch die lokale Produktion, denn dann sind die Arbeitskräfte auf jeden Fall fair bezahlt und die Qualität stimmt.

Warum baut ein Regalhersteller plötzlich eine Kinderküche?

Einer unserer Mitarbeiter hat fünf Kinder und wollte ihnen zu Weihnachten eine Kinderküche schenken. Leider sind diese häufig aus Plastik, also baute er aus unseren Zweite-Wahl-Teilen einfach selbst eine. Am Ende wurde es ein Gemeinschaftsprojekt, da ein paar weitere Kolleg*innen mithalfen. Das beste aber an der Küche ist: Wenn die Kinder rauswachsen, kann man die einzelnen Bestandteile als Regale für das Kinderzimmer weiterverwenden.

Wie äußert sich Minimalismus im Design für dich?

Farben spielen eine wichtige Rolle. Den Korpus unseres Regalsystems gibt es in drei Farben: Weiß, Natur und Schwarz-Weiß. Die Türen und Einschübe sind farblich aufeinander abgestimmt, sodass am Ende immer ein stimmiges Bild entsteht. Es ist ein quadratisches Regalsystem, bei dem die Teile zu unzähligen Variationen kombiniert werden können. Was heute ein Bücherregal ist, kann morgen ein Geschirrschrank und übermorgen eine Spielzeugkiste werden. Die Module passen also ins Kinderzimmer, eignen sich für Jugendliche und auch Erwachsene. Unser ältester Kunde ist 90 und hat sein Seniorenzimmer mit unseren Möbeln ausgestattet.

Kinderzimmer oder Räume für Kinder?

Der Gedanke ist verführerisch: Ein Zimmer für alle Kinderdinge, die dort bleiben, und die Wohnung drumherum bleibt so, wie sie schon vor den Kindern war. Zahlreiche Familien werden aber bestätigen: Auch wenn man mit dieser Hoffnung in das Familienleben gestartet ist, erfüllt sie sich nur in den seltensten Fällen. Denn Kinder sind soziale Wesen. Sie wollen meist nicht über längere Zeit allein in einem Zimmer sitzen. Je kleiner sie sind, desto häufiger suchen sie unsere Nähe und möchten sich mit den anderen Familienmitgliedern austauschen. Kinderzimmer sind daher gerade in den ersten Jahren meist wenig sinnvoll. Wenn die Kinder größer werden, wächst das Bedürfnis nach Autonomie, und die Kleinen nehmen mehr und mehr einen eigenen Raum in Anspruch. Vor allem wenn kleinere Geschwisterkinder dazukommen, wünschen sie sich, ihre eigenen Dinge vor der Neugier und den kleinen Händen ihres Bruders oder ihrer Schwester zu schützen. Ein eigenes Zimmer kann diesen Wunsch erfüllen. Genauso gut sind jedoch sichere Aufbewahrungsorte für die Lieblingsspielsachen des großen Kindes außerhalb des Aktionsradius des kleinen Kindes. Jede Familie geht hier ihren Weg nach den individuellen Möglichkeiten. Sicher ist aber: Wer kein eigenes Kinderzimmer hat, hat nicht zwangsweise eine schlechte Kindheit. Wichtiger als ein extra Raum für das Kind sind Räume, in denen sich das Kind gut bewegen kann.

Nein- oder Ja-Umgebung?

»Nein, fass das nicht an!«, »Nein, lass das im Schrank!« Mit einem mobilen Kleinkind kann der Tag schnell aus vielen Neins bestehen – eine anstrengende Zeit. Einfacher können wir es uns machen, wenn wir eine Ja-Umgebung für das Kind herstellen. Das bedeutet nicht, dass es nicht auch Verbote gibt und Orte in der Wohnung, die nicht bespielt werden dürfen. Aber wir ersparen uns viele Neins und Auseinandersetzungen, wenn wir die Wohnung einfach an die Bedürfnisse des neuen Mitbewohners anpassen und sie kinderfreundlich

Die Kinder geben die Themen und Interessen vor, die wir mit ihnen füllen: mit Dingen, aber vor allem auch durch Interaktion und Gespräche rund um das Thema.

und kindersicher machen (siehe Liste S. 60). Denn wie auch sonst im Zusammenleben gilt auch mit Kindern: Alle sollen sich hier wohl fühlen.

Minimalistische Kinderzimmer?

Es ist immer gut, wenn wir uns selbst reflektieren und die Beweggründe für unser Handeln kennen. Minimalismus kann das Leben erleichtern und uns wieder zu unseren wirklichen Bedürfnissen zurückführen. Gerade im Zusammenleben mit Kindern ist es aber wichtig, dass Minimalismus nicht zu einem Dogma wird. Das gilt vor allem im Hinblick auf die Ordnung im Kinderzimmer. Kinderzimmer müssen nicht unbedingt ordentlich und klar sein, und Kinder müssen auch nicht nur mit einer geringen Anzahl von Dingen leben. Stattdessen bedeutet eine minimalistische Gestaltung des Zusammenlebens mit Kindern, wirklich auf ihre Bedürfnisse zu achten. Wenn wir wissen, was unsere Kinder brauchen, um glücklich zu sein, ist Minimalismus kindgerecht. Jedes Kind hat dabei individuelle Bedürfnisse. Das eine spielt lange und oft mit Holzfiguren, ein anderes hat als Lieblingsthema Raumfahrt und Weltraum oder Ponys. Diese persönlichen Vorlieben der Kinder geben den Rahmen vor, den wir zusammen mit den Kindern ausgestalten. Wenn wir Kinderzimmer nur danach gestalten, dass das Farbkonzept stimmig ist oder dass die Fotos davon gut auf Instagram ankommen, sind wir in einem Ungleichgewicht zwischen Kinderbedürfnissen und unseren eigenen Ansprüchen. Mehr darüber im Interview ab Seite 59.

Gemeinsam für Ordnung sorgen

Klare, ordentliche Räume sind wunderbar. Kinder haben jedoch oft einen anderen – oder noch gar keinen – Begriff von Ordnung. Und auch wenn für sie ebenfalls klare und strukturierte Räume gut sind, um tief in ein Spiel einzutauchen und nicht abgelenkt zu werden, ist es nicht leicht, gemeinsam einen Weg zu einer gewissen Ordnung im Kinderzimmer zu finden. Auch hier hilft es, sich auf das Wesentliche zu besinnen: die Beziehung. Wenn Aufräumen mit Kindern zum ständigen Stressthema wird, läuft etwas falsch. Oft sind die Erwartungen von uns Erwachsenen zu hoch. Kinder können schon in jungen Jahren gut mithelfen, wenn wir sie begleiten: Statt »Räum das Zimmer auf!« können wir sagen: »Wir fangen damit an, alle Bausteine in diese Kiste zu räumen.«

Räume wirken schnell ordentlich, wenn sie über genügend Aufbewahrungsmöglichkeiten verfügen: Kisten mit kleinen Bildern, die den Inhalt beschreiben, Körbe, in die die Spielsachen am Ende des Tages einfach eingesammelt werden können. Jedes Ding hat seinen Platz – das können Kinder schon sehr früh lernen.

Spielsachen im Familienalltag

Familienalltag besteht aber nicht nur aus Grundsätzen, Planungen und Gedanken. Er besteht auch ganz konkret aus Dingen. Und in Bezug auf Kinder besteht er auch aus Spielsachen, kleinen Fundstücken und Erinnerungen, die aufgehoben werden wollen. Als Familie können wir Wege finden, mit den besonderen Dingen der Kinder umzugehen und trotz der kindlichen Sammelleidenschaft nicht in Spieldingen zu versinken.

Minimalistisches Spielzeug für Kinder von 0 bis 6 Jahren

Kinder brauchen nicht viele Dinge zum Spielen. Sie brauchen vor allem Raum, um sich frei zu bewegen und ihre Fantasie auszuleben, für Interaktion und soziales Miteinander. Einige langlebige Spielmaterialien, Spiele und Aktivitäten haben wir hier nach ihrem Spielbeginnzeitraum zusammengestellt.

1. Lebensjahr

- bevorzugtes Spielobjekt: andere Menschen
- Dinge aus verschiedenen Materialien zum Greifen und Befühlen: Holzringe, Stofftücher, ein Sieb
- eine umgedrehte Holzschublade als Podest zum Hoch- und Runterkrabbeln

2. Lebensjahr

- Rollenspiel, Nachahmung, Bewegung, Interaktion
- Alltagsgegenstände aus der Küche (Töpfe, Löffel), eine einfache Puppe, erste Bücher (Bibliothek), Bausteine, die lange Jahre begleiten
- Bewegung in der Natur

3. Lebensjahr

- Naturmaterialien zum Spielen: Kastanien, Steine, Stöcke
- Tücher zum Verkleiden und Spielen
- erstes Laufrad
- Wachsmalblöcke
- Schütten und Matschen

4. Lebensjahr

- Spielfiguren und -tiere
- Puppenhaus (das kann auch aus Karton gebaut werden oder in einem kleinen Beistellschrank wohnen)

5. Lebensjahr

- Bauen und Welten erschaffen
- Taschenmesser
- Hula-Hoop-Reifen, Springseil

6. Lebensjahr

- Werken, Konstruieren, Erschaffen
- Schnitzwerkzeuge
- unbeaufsichtigte Spielzeiten, auch im Freien

Spielzeugkarussell

Spielsachen müssen nicht in Massen vorhanden sein, sie müssen nicht immer neu sein und können auch ausgetauscht werden.

Saisonales Auswechseln

In den warmen Monaten spielen die Kinder ohnehin bevorzugt draußen, die Kinderzimmer brauchen in dieser Zeit nicht viele Attraktionen. Puppenhaus und Kaufmannsladen kommen in der kalten Jahreszeit wieder zurück.

»Vorratskammer« Keller

Nicht bespielte Sachen kannst du vorübergehend in den Keller oder auf den Dachboden stellen und nach einer Weile wieder anbieten.

Tausch im Freundeskreis

(Aktuell) nicht (mehr) bespielte Spieldinge können eine Reise durch den Freundeskreis antreten. Durch gegenseitiges Austauschen gibt es immer wieder Abwechslung.

Spielzeug zum Ausleihen

Ähnlich wie Kinderkleidung kannst du auch Spielzeugkisten auf Zeit ausleihen.

Die Platz-für-Neues-Regel

Mit größeren Kindern kannst du diskutieren, welche und wie viele Spieldinge sinnvoll sind. In manchen Familien gibt es die Regel: Soll etwas Neues dazukommen, soll etwas Altes gehen, um Platz zu schaffen. Wichtig ist aber: Erwachsene sollten nicht dogmatisch ihre Sichtweise durchsetzen. Familienleben sollte demokratisch sein, und gerade mit großen Kindern ist ein gemeinsames Abstimmen wichtig.

Das Kinderzimmer muss keine Kita sein

Hab Mut zur Lücke: Natürlich wollen wir unsere Kinder bestmöglich fördern, aber ein Kinderzimmer muss nicht diverse Spielangebote für Feinmotorik, Grobmotorik und Kognition beinhalten.

INTERVIEW

Wie funktioniert Minimalismus im Kinderzimmer?

Saskia Stammwitz lebt mit ihrem Mann und drei Kindern in der Schweiz. Auf ihrem Blog »a lovely journey« nimmt sie Leser*innen nicht nur mit in ihr minimalistisches Familienleben. Sie gestaltet Minimalismus auch kindgerecht mit zauberhaften DIYs und kleinen Ideen für den Familienalltag, denn ihr eigener Anspruch, Minimalismus zu leben, muss ein kindgerechtes Gestalten und Basteln nicht ausschließen.

Saskia, du hast einmal geschrieben: »Minimalismus endet bei mir vor dem Kinderzimmer.« Wie meinst du das?

Seit ich auf dem Blog auch über einfach gelebten Minimalismus schreibe, ist eine der am häufigsten gestellten Leserfragen die, wie man mit dem Minimalismus endlich mehr Ordnung im Kinderzimmer schaffen kann. Für mich ist Minimalismus aber tatsächlich kein Einrichtungsstil, sondern ein Tool, das uns vor allem dann helfen kann, wenn wir im Alltag vor einer zu großen Auswahl an Dingen und Möglichkeiten stehen. Statt per se möglichst wenig zu besitzen, geht es für mich also vorranging darum, Dinge zu besitzen, die einen positiven Einfluss auf unseren Alltag haben. Dinge, die wir lieben, die wir effektiv nutzen und die uns im besten Falle mehr Zeit und Raum für ein entspanntes Familienleben geben.

Für unsere Kinder sind wir in all unserem Tun und Handeln Vorbilder. Statt also einfach die Spielzeuge aus dem Kinderzimmer zu verbannen und das Minimalismus zu nennen, sollten wir damit anfangen, uns selbst zu hinterfragen. Warum sind die Kinderzimmer so unübersichtlich? Wieso kaufen wir (so viele unnütze) Dinge für unsere Kinder? Und was würde unseren Familienalltag stattdessen wirklich bereichern?

Wenn wir Eltern einen reflektierten Konsum und ein einfaches Ordnungssystem vorleben, profitieren unsere Kinder ohnehin davon. Gerade wer selbst noch ganz am Anfang eines einfacheren Lebens steht, sollte seiner Familie lieber ein positives Vorbild sein und Vertrauen haben. Das Kinderzimmer kurzerhand zum ersten Minimalismus-Projekt zu erklären, halte ich hingegen für wenig hilfreich oder nachhaltig.

Basteln und Gestaltung gehören bei euch zum Alltag dazu: Wie gehst du mit Kinderkunstwerken und gebastelten Dingen um, was ist dein Tipp zur Vereinbarkeit von Minimalismus und Bastelwerken?

Kinder und kreatives Arbeiten gehören für mich genauso zusammen wie Frühstück und ein

Saskia Stammwitz zeigt auf ihrem Blog, was es heißt, einfach mit Familie zu leben.

Wir können darauf vertrauen, dass Kinder sehr wenig brauchen, um fantasievoll und glücklich zu spielen.

guter Kaffee. Minimalismus bedeutet für mich nicht, aus Prinzip auf alles zu verzichten, was nicht direkt einen objektiven Nutzen aufweist. Beim Basteln schulen Kinder aber tatsächlich ihre Sinne und lernen spielerisch viel über Farben, Formen und die unterschiedlichen Materialien. Wer hier bewusster leben möchte, findet im Haushalt viele Dinge, die sich hervorragend zum Basteln wiederverwenden lassen, wie alte Zeitungen, Papierrollen oder leere Gläser. Viele Basics wie Leim, Knete und Farben lassen sich außerdem ganz einfach selbst herstellen.

Bei den Kunstwerken und der Frage, was wir damit tun, gewinnt hier ganz klar das stolze Mutterherz: Gerade die Meilensteine wie erste Kopffüßler, hoch konzentriert gemalte Buchstaben und Kindergartenschätze sammeln wir in großen Kunstmappen. Die übrigen Bilder – und vor allem die, auf die unsere Kinder ganz besonders stolz sind – scannen wir gemeinsam ein und drucken regelmäßig ein gebundenes Buch als Sammelband. Die Bilder mit einem Smartphone abzufotografieren und beispielsweise in der Cloud zu teilen, funktioniert sicher genauso gut.

Wie viel Spielzeug brauchen Kinder überhaupt?

Eine gute Frage! Ich denke, das kommt vor allem auf den aktuellen Ist-Zustand an. Wer gerade sein erstes Kind bekommen hat, der kann sich ganz entspannt zurücklehnen und darauf vertrauen, dass Kinder wirklich wenig brauchen, um kreativ und glücklich zu spielen.

Die Basics sind bei uns neben Bauklötzen, Tierfiguren und Tüchern vor allem Bücher und Hörspiele, die die Fantasie anregen. Tücher, Verkleidung und Seile lassen Kinder außerdem wunderbar in eigene magische Welten abtauchen. Kinder, die bereits an einen regen Umgang mit digitalen Medien gewöhnt sind, spielen aus meiner

Einfach selbst gemacht – Spieldinge können den eigenen Händen entspringen.

Erfahrung lieber konkrete Szenen aus Serien oder Filmen nach. Oft tun sie sich dann mit einem Transfer ins freie Spielen schwer. Hier finden Eltern sicher auf Augenhöhe mit ihren Kindern eine gemeinsame Lösung. Denn egal, wie gut unsere Absichten als Eltern sind: Kinder sollten gerade bei einem späten Einstieg in den Minimalismus nie dogmatisch damit überrannt werden.

Ein anderes großes Thema in Bezug auf Konsum, Geschenke und Kleinigkeiten sind Kindergeburtstage. Gibt es minimalistische Kindergeburtstagsideen oder sind Kindergeburtstage für dich einfach Kindergeburtstage?

Geburtstage haben bei uns ganz viel mit kleinen Ritualen und viel gemeinsamer Zeit zu tun. Als Eltern möchten wir diese besonderen Tage natürlich auch zelebrieren und nicht total im Stress versinken. Wir haben zum Beispiel eine Geburtstagskrone aus Filz, die immer wieder zum Einsatz kommt, genau wie eine bunte Girlande aus Stoff. Das beantwortet die Frage nach passender Deko und schafft schöne Erinnerungen. Die Geschwister helfen außerdem immer ganz geheim beim Vorbereiten mit.

Was Geschenke betrifft, sammeln wir konkrete Wünsche über das ganze Jahr. Wir organisieren ein Sammelgeschenk oder wünschen uns auch gerne Eintrittskarten für Erlebnisse wie den Tierpark oder Veranstaltungen. Gerade unsere größeren Kinder sehen bei Freunden und unterwegs natürlich auch viele Spielsachen, die aus hunderten Kleinteilen bestehen, fiese Töne von sich geben und oft eben komplett aus Plastik gemacht sind. Diese Dinge wären ganz klar nicht meine erste Wahl – aber wenn es echte Herzenswünsche sind, würden wir nie rein aus Prinzip nein dazu sagen. Und natürlich gibt es immer wieder Geschenke von Freunden und Verwandten, die wir als Eltern so nicht kaufen würden. Fast immer sind es genau diese Dinge, die dann nach ein paar Wochen kaputt sind oder ungenutzt unter dem Bett verschwinden.

Rituale machen den Zauber des Geburtstags aus.

Am Ende bleibt die Erkenntnis, dass der Minimalismus Familien ganz sicher nicht vor allen Problemen des Alltags feit. Als Tool kann er richtig eingesetzt aber tatsächlich merklich für viel mehr Einfachheit, Zeit und Fokus sorgen.

Kindersichere und kinderfreundliche Wohnung – so geht's

Viele Neins und Verbote können wir uns sparen, wenn wir die Wohnung kinderfreundlich und kindersicher machen. So respektieren wir auch die Bedürfnisse unserer kleinen Mitbewohner.

1

Begib dich buchstäblich auf Augenhöhe deines Kindes: Was ist erreichbar, was gefährlich? Was kannst du woanders hinstellen und worauf kannst du prinzipiell verzichten?

2

Als Faustregel gilt: Alles, was durch eine leere Toilettenpapierrolle passt, ist nicht für Babyhände geeignet und sollte sicher aufbewahrt werden.

3

Sichere Schubladen und Schranktüren, damit sich die Kleinen nicht die Hände einklemmen. In bodennahen Schubladen und Regalflächen kannst du nach Möglichkeit die Dinge aufbewahren, die Kinder auch gefahrlos bespielen können.

4

Ein Gitter am Anfang und Ende der Treppe schützt vor Stürzen.

5

Versieh alle Steckdosen mit Kindersicherungen.

6

Wie bewahrst du Medikamente und Reinigungsmittel auf? Was davon brauchst du wirklich und welche Reinigungsmittel können beispielsweise durch umweltschonende und ungefährliche Alternativen ersetzt werden? Wie können die vorhandenen Dinge gut und sicher untergebracht werden? Notiere dir die Rufnummer der Giftnotrufzentrale für alle Fälle.

7

Besuche einen Erste-Hilfe-Kurs für Kinder und bestücke die Hausapotheke mit Notfallmitteln.

Wo sollen Kinder schlafen?

Eine der wichtigsten Fragen beim Thema Wohnen mit Kindern ist: Wo sollen die Kinder schlafen? Im Kinderzimmer? Im Elternzimmer? Im Babybalkon? Im Familienbett? Die Forschung gibt uns glücklicherweise mittlerweile einige gute Hinweise. Der ideale Schlafplatz für Babys befindet sich in der Nähe der Eltern. Mindestens während des ersten Lebensjahrs sollten Babys im Elternschlafzimmer und nicht in einem eigenen Zimmer schlafen. Die minimalistischste Lösung ist das Elternbett: neben der Mutter, im Schlafsack und nicht mit der Decke bedeckt, auf einer nicht zu weichen Matratze, mit frischer Raumtemperatur und guter Belüftung in Rückenlage ohne Nestchen. Wenn das Baby im Elternbett schläft, sollten die Eltern weder alkoholisiert schlafen gehen noch Medikamente nehmen, nicht rauchen und auch keine rauchige Kleidung mit ins Zimmer nehmen oder noch Nikotin an den Haaren oder der Haut haben. Durch die Nähe beim Schlafen synchronisieren sich die Schlafrhythmen und die einzelnen Schritte beim nächtlichen Stillen oder Füttern sind nicht mehr so aufwendig. Wer dem Familienbett nichts abgewinnen kann, kann den Nachwuchs auch in einem eigenen Bett neben dem Elternbett oder in der Nähe schlafen lassen. Sobald die Kinder größer werden, kommt von allein der Zeitpunkt, an dem sie aus dem Elternbett ausziehen. Von Zeit zu Zeit besuchen sie uns vielleicht noch mal in der Nacht, aber normalerweise ziehen Kinder aus, wenn sie bereit dazu sind und wir Eltern ihnen den Raum dafür geben.

Die Nähe der Eltern beim
Schlafen gibt Geborgenheit.

Draußen spielen

Erinnerst du dich noch an deine Kindheit? Wie oft warst du draußen in der Natur und hast es genossen, mit Freunden und Freundinnen herumzutollen? Sie war schön, diese Kindheit voller Abenteuer. Der durchschnittliche Aktionsradius, also der Umkreis, in dem Kinder ohne Aufsicht spielen können, hat sich allerdings innerhalb einiger Jahrzehnte von zehn oder 20 km bis auf wenige Hundert Meter verringert.

Rennen, klettern, hüpfen und toben

Dabei ist die Natur ein wunderbarer und unnachahmlicher Ort zum Spielen. Hier können sich Kinder erproben und ihren jeweiligen Entwicklungsbedürfnissen nachkommen: Sie können rennen, balancieren, klettern und hüpfen. Zwar ist all das auch auf Spielplätzen möglich, doch imitieren diese nur das freie Toben in der Natur und lassen wesentlich weniger Spielraum für individuelle Spiele. Zudem sind Kinder auf Spielplätzen nicht selten von Eltern begleitet oder es sind zumindest andere Eltern vor Ort und bestimmen mit, was auf dem Spielplatz gespielt wird. Eltern, die sich mit den Kindern auf Kletterburgen zwängen, Kinder an der Rutsche auffangen oder andere Kinder ermahnen, die Spielgeräte nicht zweckentfremdet zu verwenden. Den Satz: »Andere Kinder wollen hier rutschen, baut eure Sandkuchen woanders!«, haben sicher viele Eltern schon einmal gehört. Das Spiel ist eingeschränkt, die soziale Interaktion unter den Kindern ebenso. Konflikte zwischen streitenden Kindern werden über deren Eltern moderiert.

Die Natur – das minimalistischste Spielzeug

Wenn wir uns darauf besinnen, was Kinder wirklich zum Spielen brauchen, führt uns der Gedanke zwangsläufig auf die freie Natur zurück. In der Natur finden sie unvorgefertigt alles, was sie zum Spielen benötigen: Stöcke, Steine, Blätter und Erde werden zu Spielsachen, Bäume zu Hindernissen, Büsche zu Hütten. Das regt die Fantasie an und ermöglicht kreatives Spiel. So wird die Natur zum minimalistischsten Spielzeug überhaupt. Sie ist der wichtigste Spielraum für Kinder. Wir sollten daher so oft es geht Zeit mit den Kindern draußen verbringen. Dann erübrigt sich meist die Frage nach Spielzeug, das drinnen benutzt werden kann, denn in der wenigen Zeit, die die Kinder im Haus verbringen, haben sie kaum Gelegenheit, damit zu spielen. Kinder brauchen die Natur, die Erfahrung der Jahreszeiten, der unterschiedlichen Witterungen, sie brauchen Abenteuer, nach denen sie wieder in ihr wohliges Zuhause zurückkommen – bis zum nächsten Abenteuer am folgenden Tag.

In der Natur finden sich genügend Spielmaterialien.

Energie sparen

Selbst wenn wir viel Zeit draußen verbringen, leben wir dennoch auch in Räumen. Je mehr Menschen zusammenleben, desto mehr Energie verbrauchen sie. Gerade mit Kindern kann der Energieverbrauch rasant steigen. Kinder denken noch nicht daran, das Licht auszuknipsen oder den CD-Spieler auszuschalten, wenn sie einen Raum verlassen. Wir sollten unsere Kinder daher immer wieder freundlich daran erinnern, nicht unnötig Energie zu verbrauchen.

Tipps zum Sparen

Aber auch wir selbst können durch ein paar Kniffe den Verbrauch von Strom, Heizenergie und Wasser in einem Haushalt mit Kindern in Grenzen halten.

1

Wärmelampen über dem Wickeltisch oder Heizlüfter sind bequem, aber Babys können in normal temperierten Wohnungen auch ohne diese Hilfsmittel gewickelt werden. Und auch wenn es immer wieder zu lesen ist: Babypopos müssen nicht geföhnt werden.

2

Wohnräume sollten prinzipiell nicht überheizt werden, da die trockene Luft die Schleimhäute austrocknet, was die Anfälligkeit für Keime erhöht. Auch zum Schlafen sind kühlere Räume gesünder. Lieber also etwas wärmer anziehen als zu viel heizen. Warme Socken und/oder Stulpen an Kinderfüßen sind sinnvoller als warme Räume.

3

Auch wenn Waschtischarmaturen mit nur einem Hebel toll aussehen und praktisch sind: Kleinen Kindern fällt es oft schwer, sie richtig zu bedienen. Schnell drehen sie den Warmwassergriff auf, auch wenn sie nur kaltes Wasser benötigen. Klassische Armaturen mit einem Warmwasser- und einem Kaltwasserregler zum getrennten Aufdrehen können unnötige Warmwasserkosten reduzieren. Auch Wasserspareinsätze für Wasserhähne und die Dusche sind sinnvoll.

4

Mit einer WLAN-Steckdose lassen sich angeschlossene Geräte per App an- und ausschalten und der Stromverbrauch des angeschlossenen Geräts kann sogar gemessen werden. Die einfachere Variante wäre, den Gerätestecker zu ziehen oder eine schaltbare Zwischensteckdose zu benutzen.

5

Alte Glühbirnen langfristig durch LED-Leuchten ersetzen.

Kinderreiches Familienleben in Berlin

Wer Anna Brachetti und ihre Familie besucht, findet sie in einer der Szenestraßen in Berlin-Friedrichshain, in der Nähe des Boxhagener Platzes, in der Nachbarschaft diverse Cafés und Bars. In die Wohnung von Anna und Ron einzutauchen, ist dann das ganze Gegenteil von dem Trubel, der draußen stattfindet. Sie haben eine ruhige kleine Oase in der Stadt geschaffen für sich und ihre drei Kinder. Minimalismus ist dabei ein wesentlicher Bestandteil ihres Familienlebens.

»Ich fühle mich gar nicht minimalistisch, wenn alles herumfliegt!«, lacht Anna. Ihr Alltag mit drei Kindern ist nicht nur ruhig und besinnlich, sondern es gibt auch viel Aufregung mit ihren quirligen beiden großen Mädchen und dem kleinen Sohn. Minimalismus, so erklärt sie aber weiter, ist die einzige Chance, ein wenig Ordnung in den Alltag zu bekommen. Sie hat die Erfahrung gemacht, dass ihre Kinder kreativer und entspannter spielen, wenn es nicht so voll ist. Eine schöne Auswahl an gerade aktuellen Spielsachen gibt es dennoch immer: »Wir haben einige Dinge auch im Keller, und die Spielsachen rotieren, sodass es immer ein gerade passendes Angebot gibt.« Das Spielzeug findet die Familie in den kleinen ökologischen Kiezläden, das meiste wird aber auf dem Flohmarkt gekauft oder mit Freund*innen getauscht. Auch ihre beiden größeren Kinder haben den Flohmarkt schon lange für sich entdeckt: Von ihrem Taschengeld kaufen sie dort selber ein, beispielsweise kleine Ponys für 20 Cent das Stück. Auch wenn Anna diese Spieltiere nicht besonders hübsch findet, freut sie sich über die anhaltende Begeisterung der Kinder für ihre selbst gekauften Spielsachen. Ob die Kinder sich manchmal beschweren, wenn sie andere Kinderzimmer sehen? Anna lächelt: »Glücklicherweise haben die Kinder sehr viel Fantasie und vermissen bisher nichts – auch nicht eigene Zimmer, denn die Kinder teilen sich ein Spielzimmer. Natürlich spielen sie auch gerne mal bei Freund*innen, bei denen es zum Teil ganz anders aussieht. Aber diese kommen auch gerne zum Spielbesuch zu ihnen. Kinder brauchen keine Dinge, sondern Eltern, die ihnen Sicherheit und Geborgenheit geben. Und Menschen, die zuhören, und andere Kinder zum Spielen.« Anna achtet darauf, dass die Spielsachen vielfältiges Spiel ermöglichen: »Lego eignet sich beispielsweise gut, weil die Kinder es an einem Tag klassisch zum Bauen benutzen, am nächsten Tag wird es zu Brot im Kaufmannsladen und später benutzen sie es für die ersten Rechenübungen.«

Elternzeit – Zeit, um intensiv mit den Kindern zusammen zu sein.

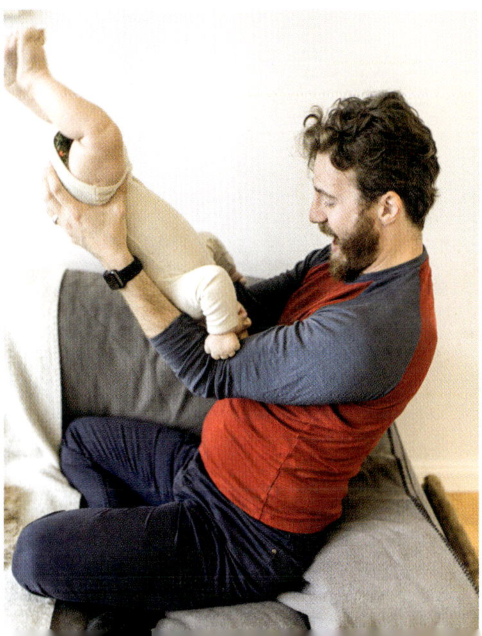

Eine klare und schlichte Küche, in der das Miteinander am Tisch im Mittelpunkt steht.

Neuanschaffungen bewusst auswählen

Wenn die Familie dennoch einmal etwas neu braucht, ist Rons Aufgabe die Recherche. Vor Neuanschaffungen informiert sich Ron mithilfe von Produktberichten über die Qualität, Langlebigkeit oder die Energieeffizienz beispielsweise eines Kühlschranks. Als eine ihrer Töchter kürzlich ein neues Fahrrad bekam, hat die Familie sich über Qualität, Produktionsort und auch das Gewicht vorab informiert, weil das Rad jeden Tag in den zweiten Stock getragen werden muss. Dieses Rad soll auch noch das nächstkleinere Geschwisterkind gut benutzen können. Ron achtet darauf, dass die Dinge, die sie haben, gut sind und gut erhalten bleiben. Anna achtet darauf, dass sie nicht zu viele Dinge haben. So ergänzen sich beide.

Am liebsten unterwegs

Falls es zu Hause doch einmal langweilig wird, ist das in einer Stadt wie Berlin nicht schlimm. »Wir sind viel draußen«, erklärt Anna. Sie gehen in Parks oder auf Spielplätze und einmal in der Woche kommt ein Spielmobil auf einen Platz in der Nähe der Wohnung, das für Kinder unterschiedlichen Alters Spielmöglichkeiten zum Bewegen mit selbst gebauten Rädern, Rollbrettern und Co. mitbringt. Regelmäßig besuchen sie Bastelnachmittage in einem Familienzentrum in der Nähe. Manchmal geht es ins Museum, aber in Berlin gibt es auch viele kostenfreie Angebote für Kinder, weiß Anna. Nur wenn der Tag ohnehin schon trubelig war oder Anna das Gefühl hat, die Kinder brauchen eine Pause, bleiben sie zu Hause und machen es sich einfach gemütlich.

Balance zwischen Arbeit und Familienzeit

Ihren Alltag versuchen die beiden Wahlberliner gleichberechtigt zwischen Arbeit und Familienzeit zu organisieren. Jeder hat verschiedene Aufgaben, und nachdem Ron lange Vollzeit gear-

Minimalismus bedeutet auch, gut mit den eigenen Ressourcen umzugehen.

Bei Anna und Ron gibt es Ruheinseln im trubeligen Familienalltag.

Tragen ist nicht nur eine Transportmöglichkeit, sondern bedeutet auch Beruhigung, Nähe und vieles mehr.

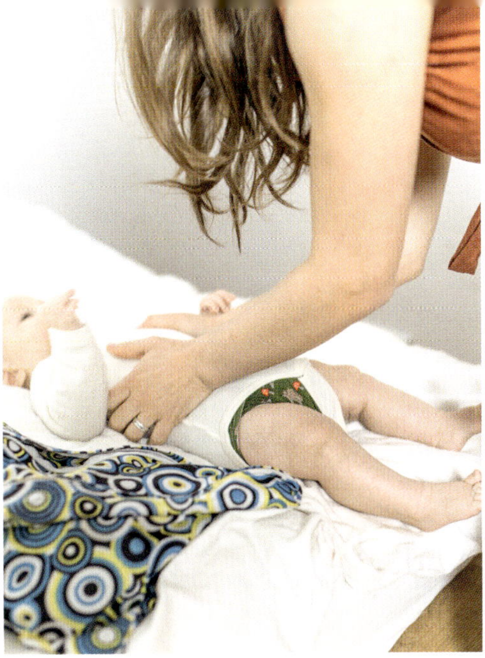

Achtsam wickeln bedeutet, sich Zeit zu nehmen und ganz in der Interaktion mit dem Baby zu sein.

beitet und teilweise auch viel Zeit mit Pendeln verbracht hat, genießen sie es, sich den Familienalltag aufteilen zu können. Ron bringt die großen Kinder morgens in die Kita, am Vormittag arbeitet Anna während der Schlafenszeiten des Babys an ihren Texten für Instagram, Blog- oder Magazinartikeln. Die Nachmittage mit den Kindern teilen die beiden unter der Woche unter sich auf, das Wochenende ist arbeitsfreie Familienzeit.

Minimalismus und andere Themen

Während der vergangenen Jahre hat die studierte Neurowissenschaftlerin begonnen, immer mehr über Minimalismus und Familienleben zu schreiben, und sich damit ein eigenes Berufsfeld aufgebaut. Sie schreibt über die Dinge, die ihr persönlich wichtig sind, inspiriert damit andere Familien und bekommt über das Feedback wiederum eigene Inspirationen. Ihr besonderes Merkmal sind dabei ihre Fotos auf Instagram: Anna versucht, die Botschaften ihrer Texte schon in die Bilder zu integrieren, und arbeitet mit aussagekräftigen, bearbeiteten Fotos, die zum Nachdenken anregen: über Feminismus, Minimalismus, Gleichberechtigung, Erschöpfung, Nachhaltigkeit, Familienleben. Damit möchte sie bei ihren Followern Anreize für den Alltag setzen. Ein fassbarer Mehrwert im Rahmen eines kleinen Inputs in der Länge von maximal 2.200 Zeichen. »Es ist gut, dass die Textmenge begrenzt ist, so fokussiert man sich auf das Wesentliche. Veränderung vollzieht sich schließlich am besten in kleinen Schritten, damit sie nachhaltig sein kann.« Achtsamkeit ist dabei neben Minimalismus und Langsamkeit ein wichtiges Anliegen von Anna. Gut mit den eigenen Ressourcen umgehen, sich nicht überfordern. Das gilt nicht nur für das Wohnen, sondern auch das innerliche Aufräumen. Über Anna und ihre Tipps für »Digital Detox« kannst du ab Seite 178 mehr lesen.

Regelmäßig wird mit den Kleinen gemeinsam dekoriert.

Wasch- und Reinigungsmittel

Auch minimalistische Wohnungen brauchen eine gründliche Reinigung und Kinderkleidung bekommt beim Spielen im Freien oft ganz schön Dreck ab. Bei der Auswahl von Waschmittel oder Haushaltsreinigern lohnt es erneut, sich die Frage zu stellen, was wir wirklich brauchen. Denn im Hinblick auf Zero Waste und Umweltbewusstsein sind die herkömmlichen Putzmittel in Plastikverpackungen mit synthetischen Duftstoffen und anderen Substanzen, die die Umwelt belasten, nicht immer die erste Wahl. Natürliche Haushaltsreiniger sind nicht nur besser für die Umwelt, sondern bergen aufgrund der natürlichen Zutaten auch weniger Gefahren für Kinder. Milde und biologisch abbaubare Wasch- und Reinigungsmittel kannst du ganz leicht selbst herstellen und mit einigen Tropfen ätherischem Zitronen-, Lavendel-, Grapefruit- oder Orangenöl beduften (siehe Rezepte). Doch auch wenn die Reinigungsmittel Zutaten enthalten, die als Lebensmittel verkauft werden, sollten sie dennoch immer außer Reichweite von Kindern aufbewahrt werden. Essigessenz wirkt beispielsweise stark ätzend und darf nicht in Kinderhände geraten. Bewahre die Reiniger in alten Plastikflaschen für Putzmittel auf. Diese verfügen in der Regel über einen Sicherheitsverschluss. Die Aufbewahrung der Reinigungsmittel in Trinkflaschen oder Lebensmittelgläsern ist nicht empfehlenswert, da in diesem Fall die Gefahr besteht, dass Kinder die Behälter verwechseln und aus Versehen das Putzmittel trinken.

Tipp

Für die Küchenhygiene gibt es eine ganz einfache, aber wirkungsvolle Methode. Reinige Schränke, den Kühlschrank oder Arbeitsflächen mit warmem Wasser, dem du einige Tropfen Nelkenöl zusetzt. Wenn Besuch ansteht und du nicht viel Zeit hast, um vorher zu putzen, gib ein paar Tropfen ätherisches Zitronenöl in eine Duftlampe. Ein zitrusbedufteter Raum riecht frisch und erscheint uns automatisch sauberer.

DIY

Allzweckreiniger

Zutaten

1 Tasse Essigessenz
½ Tasse Wasser
1 Tropfen ätherisches Öl
(z. B. Zitrone, Orangenschale)

Und so geht's

Alle Zutaten in eine Flasche füllen. Die Flasche fest verschließen und kräftig schütteln, damit sich die Zutaten gut vermischen.

DIY

Waschmittel für Baumwolle

Zutaten

1 Tasse Natron
1 Tasse Waschsoda
1 knapp gefüllte Tasse grob geraspelte Kernseife
2–3 Tropfen ätherisches Öl
(z. B. Lavendel)

Und so geht's

Natron, Soda und Seife in einer Schüssel vermischen. Zum Schluss das ätherische Öl unterrühren. Wer es noch feiner möchte, kann das Pulver im Mixer zerkleinern.
Das Waschmittel ist nicht für tierische Fasern wie Wolle oder Seide geeignet.

INTERVIEW

Leben zwischen Stadt und Land

Schon vor einigen Jahren, damals noch kinderlos, hat es Anna Schunck und Marcus Werner aufs Land verschlagen. Die Journalistin und der Regisseur haben sich ein altes Bauernhaus in Brandenburg gekauft, in das nach und nach eine Katze, Schafe und schließlich ein Baby eingezogen sind. Raus aus Berlin, hinaus aufs Land. Wie viele junge Familien hat Anna und Marcus der Wunsch nach mehr Natur und Freiheit aufs Land gezogen, obwohl sie beruflich auch viel in der Stadt arbeiten. Ganz so einfach ist das Hinausziehen als Stadtmensch dann doch nicht. Mit uns haben sie über die Vor- und Nachteile des Pendelns gesprochen.

Wie kam es dazu, dass ihr euch einen kleinen Bauernhof zugelegt habt?

Anna: Wir waren bei Freunden, die in der Nähe von Kiel das Landleben zelebrieren, zum Geburtstag eingeladen. Samstags sind wir ausgegangen und verbrachten den Sonntag auch noch dort, da wir einen leichten Kater hatten. Der Tag auf dem Land mit zwei Laufenten auf der Wiese war so entspannt. Das hat uns runtergeholt, obwohl wir gar nicht lang da waren. Marcus hat dann im Internet nach Häusern geschaut. Dann haben wir dieses Haus gesehen. Das war ein bisschen so wie mit Hundewelpen. Wenn du nicht wirklich einen willst, fahr nicht hin und guck ihn dir nicht an. Denn wir standen dann hier. Allein, ohne Makler, der hatte keine Zeit. Wir standen vor dem Tor, auf dem Grundstück standen Schafe und schauten uns an.

Marcus: Wir konnten uns das krass gut vorstellen und hatten ein Grundgefühl, dass es gut wäre, so etwas zu haben.

Ihr habt eure Berliner Wohnung aber nicht aufgegeben und seid nicht ganz aufs Land gezogen. Wo lebt ihr anteilig mehr und warum?

Anna: Das müssen wir selbst immer noch rausfinden. Die Anteile wechseln stark. In der ersten Zeit waren wir sehr viel mehr auf dem Land. Mittlerweile leben wir auch wieder gern in der Stadt. Aktuell ist es etwa fifty-fifty. Aber wir finden, dass fifty-fifty sehr anstrengend ist. Eigentlich haben wir ja die Ruhe auf dem Land gesucht. Wir haben aber gemerkt, dass man sich kaputt macht, wenn man ständig hin und her fährt. Wir sind an einem schwierigen Punkt angekommen, als wir festgestellt haben, dass wir vielleicht einen Hauptwohnsitz festlegen müssen. Wir wissen na-

Anna und Marcus haben ihr kleines Paradies auf dem Land gefunden.

Auf dem Land bekommt saisonales und regionales Essen eine besondere Bedeutung.

türlich, dass das eine wahnsinnig luxuriöse Situation ist. Nach der Elternzeit, die wir komplett auf dem Land verbracht haben, werden wir wieder in die Stadt ziehen und seltener, aber für längere Perioden auf dem Land sein.

Das hat sicherlich auch etwas mit eurem Job zu tun. Wie könnt ihr das vereinbaren?

Marcus: Unser Job ist in erster Linie, die Welt zu retten. (Lacht.) Unser Job ist tatsächlich unser Magazin VIERTEL \ VOR geworden. In Kombination mit unserer neuen Agentur VIERTEL \ VOR Media. Wir versuchen, ein Business zu bauen, das unseren eigentlichen Jobs entspricht, nämlich Journalismus sowie Video- und Fotoproduktion. Wir versuchen, unsere Skills einzubringen, um für grüne und nachhaltige Unternehmen Content zu produzieren. Manchmal nehmen wir auch eine beratende Funktion ein. Es ist eine gute Voraussetzung, als Freelancer zu arbeiten, denn das kann man gut mit dem Landleben vereinbaren. Ich glaube, mit einem Nine-to-five-Job in der Stadt wäre das schwieriger.

Anna: Man kann auch pendeln. Ich habe sieben Jahre in einem Vorort von Hamburg Lokalzeitung gemacht. Ich habe in Hamburg gewohnt und bin zum Arbeiten in die Dörfer rausgefahren.

Ist das Pendeln anstrengend? Und wie passt das mit eurem Anspruch, die Umwelt zu schonen, zusammen?

Marcus: Die Fahrt stört uns nicht. Die Entfernung ist genau richtig. Man ist eine Stunde und 15 Minuten unterwegs.

Anna: Wir lassen öfter das Auto stehen und fahren mit dem Zug und Fahrrad. Wir transportieren nur ständig irgendwas. Wir haben lange renoviert und jetzt müssen immer die Babysachen mit. Der Weg verleitet dazu, Urlaubsgepäck zu haben. Deswegen fährt man seltener Zug.

Aufgewachsen im Alles-immer-und-noch-mehr-Zeitalter fragen wir uns, wo das alles noch hinführen soll. Wo sind die Grenzen des Wachstums? Was sind die Folgen unseres Handelns? Und: Was passiert dabei mit unserer Natur?

In Ruhe die eigenen Äpfel vorbereiten und gemeinsam im Garten essen – Entschleunigung und Abwechslung zum Großstadtalltag.

Viel Zeit im Freien verbringen bedeutet auch Runterkommen.

Habt ihr zwei komplette Haushalte? Was nehmt ihr mit hin und zurück?

Marcus: Unterwäsche und Waschtaschen. Ich habe meinen Kleiderschrank sortiert und hier draußen die Kleidung, die ich eventuell weggegeben oder verkauft hätte. In der Stadt habe ich das Stadtzeug. Den Sonntagszwirn. Hier draußen interessiert es niemanden, wie wir rumlaufen. Außer uns selbst. Im Grunde genommen kann ich hier nackt rumrennen.

Beim Minimalismus geht es ja auch darum, weniger zu haben, um mehr zu machen. Ihr habt euch jetzt etwas Großes gekauft. Aber eigentlich habt ihr euch ja viele Aktivitäten, also Arbeit, gekauft.

Marcus: Über diesen Punkt stolpern wir oft, weil unsere Leben so voll sind. Ob das unser Baby ist, unsere Arbeit oder unser Magazin. Wir sind keine Aussteiger und wollen das auch nicht sein. Wir haben auch Lust auf andere Sachen als das hier. Es passiert oft, dass wir hierherkommen und denken: Oh Gott, jetzt müssen wir erstmal die Wiese machen. Aber es ist auch schön, hier draußen zu arbeiten. Es ist anders als die Arbeit am Computer. Sehr befriedigend ist es, die wuchernde Minze rauszureißen oder die Brennnesseln. Man kommt runter und kann sehr gut nachdenken. Man hat tausend Ideen währenddessen.

Eine romantische Vorstellung: Man geht einfach zu den Nachbarn, um Milch, Eier oder anderes zu holen. Ist das so?

Anna: Nein, das überschätzt man hier. Das ist nicht wie in der Uckermark. Es gibt hier keinen Hofladen. Viele Leute hier haben einen Nutzgarten. Hier leben viele Rentner und viele, die nach Spandau pendeln oder in der Landwirtschaft arbeiten. Es gibt leider keine Bio-Märkte, aber einen kleinen Bio-Hof und einen Markt. Wenn Saison ist, bringen die Nachbarn manchmal Zucchini vorbei.

Gibt es auch Leute in eurem Alter, mit denen ihr euch austauschen könnt?

Anna: Es gibt jüngere Leute, aber lustigerweise haben wir meist mit Leuten zu tun, die im Alter unserer Eltern sind. Außerdem gibt es noch die afghanische Flüchtlingsfamilie. Die sind gute Freunde von uns geworden. Leider wohnen sie nicht mehr im Dorf, sondern sind in eine größere Stadt mit mehr Infrastruktur umgezogen.

Marcus: Wir haben neulich auf Instagram nach den Ortsmarken geschaut, wer wo postet und wer bei uns in der Nähe ist. Uns haben auch schon Leute angeschrieben: »Hey, ihr seid hier in der Nähe von Neuruppin! Wir wohnen da und da und machen das und das.«

Was hat sich geändert, seitdem eure Tochter da ist?

Anna: Seit drei Monaten weiß ich die Ruhe hier draußen, die ich Flora wünsche, sehr zu schätzen. Ich schätze aber auch die kurzen Wege in der Stadt zum Einkaufen, zum Arzt oder um Freunde zu sehen. Es ist schön, nicht immer ins Auto oder in die öffentlichen Verkehrsmittel steigen zu müssen. Hier gibt es aber kein besseres Babyentertainment als unter dem Baum zu liegen. Flora schaut sich den ganzen Tag lang die Blätter an. Auch ein großer Vorteil: Wir können sie hier alleine rauslassen.

Marcus: Der zweitgrößte Vorteil ist die frische und saubere Luft. Wenn wir in die Stadt kommen, merken wir, wie sehr es dort stinkt. Die Luft ist hier viel frischer. Hier kann ich tief durchatmen. Anders als in der Stadt, wo ich am liebsten eine Maske tragen würde, wenn ich auf der Straße mit all den Autos Fahrrad fahre. Wir haben in den letzten Jahren auch für uns den Verzicht entdeckt, weil jedes Produkt, das wir konsumieren, jedes Kleidungsstück, jedes Lebensmittel einen Fußabdruck hat. Wir müssen unterscheiden lernen, wie groß dieser jeweilige Fußabdruck ist.

Anna: Ich glaube auch, dass wir mehr verzichten müssen, als es uns Spaß macht. Trotzdem haben wir in den letzten Jahren hier auf dem Land erkannt, dass Verzicht nicht schlimm ist und sich auch nicht schlecht anfühlen muss. Es gibt viele Bereiche, in denen Verzicht ein Geschenk ist, neuen Raum schafft und neue Erkenntnisse. Das haben wir hier auf dem Land gelernt. Auf die Umwelt zu achten, hat für uns einen neuen Sinn bekommen. Die Vorstellung, dass unsere Tochter 20 ist, wenn die Auswirkungen des Klimawandels auch für uns drastisch spürbar sein werden, treibt mich an, etwas zu ändern. Wir müssen uns jetzt die Frage stellen, welche Erde wir unseren Kindern hinterlassen. Dann fühlt sich Verzicht nicht wie Verzicht an und Minimalismus macht nicht nur frei im Kopf, sondern existenziell Sinn.

Wuchernde Beikräuter zu jäten, ist eine befriedigende Arbeit.

Kleidung

Erstausstattung, Kita-Kleidung oder Mode für uns Eltern – der minimalistische Kleiderschrank ist reduziert auf wenige Stücke, die lange getragen und gut kombiniert werden können und sich den momentanen Bedürfnissen anpassen. Wir schonen Ressourcen, indem wir die Kleidung lange nutzen, reparieren oder wiederverwerten.

Kleidung muss sich den Bedürfnissen anpassen

Wenn wir Kleidung für unsere Kinder aussuchen, sollten wir nicht in erster Linie an Modetrends, Marken oder die Frage, ob die Kleidung instagrammable ist, denken. Wie immer beim Minimalismus steht am Anfang die Frage: Welche wichtige Funktion hat Kinderkleidung? Sie schützt vor Wärme oder Kälte und gibt den Kindern eine Hülle. Gerade für Neugeborene, die aus der Umhüllung des Mutterleibs kommen, ist diese Hülle besonders wichtig. Denn sie wärmt nicht nur, sondern gibt dem Baby auch Struktur und Geborgenheit. Deshalb sind Hautschutz, Hautfreundlichkeit und Bequemlichkeit die wesentlichen Kriterien, nach denen wir Kinderkleidung auswählen sollten.

Ansprüche an Kinderkleidung ändern sich

Kinder entwickeln sich und auch die Ansprüche an Kleidung verändern sich im Laufe dieser Entwicklung. Babykleidung sollte vor allem wärmen und Temperaturen ausgleichen. Ein Körper, der noch nie zuvor Kleidung gespürt hat, ist sensibel. Raue Nähte, Schildchen, Druckknöpfe und enge Bündchen können stören oder gar schmerzen. Babykleidung muss besonders hautfreundlich und dem Baby bequem an- und auszuziehen sein. Wird das Kind größer, treten andere Ansprüche an die Kleidung hinzu. Die sich entwickelnde Motorik sollte nicht durch zu enge Kleidung behindert werden: Ein Kind, das gerade krabbeln lernt, sollte Arme und Beine gut bewegen können. Auch muss die Kleidung den neuen Beanspruchungen standhalten: Sobald das Kind Beikost zu sich nimmt, werden davon Spuren auf Hemd und Hose zurückbleiben; die Kleider sollten also gut waschbar sein. Wenn das Baby ausdauernd über den Boden robbt, wird die Kleidung an Ellenbogen und Knien stark beansprucht. Beginnt das Kind, auf die Toilette zu gehen, braucht es Hosen, die sich schnell ausziehen lassen. Je älter der Nachwuchs wird, desto stärker rücken auch Modetrends in den Fokus und es wird wichtig, was die Freund*innen tragen. Kinderkleidung muss sich also immer den jeweiligen Bedürfnissen der Kinder anpassen.

Auch die elterliche Kleidung passt sich an

Auch die Ansprüche an die elterliche Kleidung ändern sich im Lauf der Zeit. Was muss Kleidung uns ermöglichen, wofür brauchen wir sie, was ist das Wesentliche? Oft passt sich die Elternkleidung den Wandlungsphasen des Kindes an: weniger helle Kleidung in der Beikostzeit, bequeme Kleidung für Spielplatznachmittage, robuste Kleidung für Ausflüge in die Natur. Darüber hinaus wollen wir Erwachsene jedoch mit unserer Kleidung und mit der Kleidung, die wir für unsere Kinder auswählen, etwas über uns aussagen: Wer sind wir, wie leben wir, was ist uns wichtig? Wir sollten diese Motivation beim Kleiderkauf nicht die Oberhand gewinnen lassen, sondern bedenken, was wirklich wichtig ist.

Tipp

Nimm die Kleidung deines Kindes und deine eigene Kleidung unter die Lupe und überprüfe, was davon wirklich euren aktuellen Bedürfnissen entspricht und sinnvoll ist. Sortiert »Kleiderleichen« aus, die gerade jetzt überhaupt nicht in euren Alltag passen.

Kleine Warenkunde: Materialien

Pflanzliche Fasern

Baumwolle ist recyclingfähig und biologisch abbaubar, braucht aber bei der Produktion viel Pestizide und Wasser.
Hanf braucht wenig Pestizide und wenig Wasser und ist sehr haltbar, die Gewinnung der Faser ist allerdings aufwendig und Hanf muss mit anderen Materialien gemischt werden.
Leinen hat ein angenehmes Tragegefühl und eine gute Haltbarkeit, die Flachspflanze ist genügsam.

Tierische Fasern

Wolle wirkt wärmeisolierend und temperaturausgleichend, allerdings ist die Tierhaltung oft problematisch, ganz gleich ob Schafswolle, Kaschmirwolle oder Angorawolle produziert wird.
Seide wirkt temperaturausgleichend und trocknet schnell, für die Gewinnung werden allerdings die Raupen in ihren Kokons getötet, das gilt nicht für Wildseide
Daunen stammen von Gänsen und Enten; Tierhaltung und Gewinnung der Federn sind häufig problematisch.

Synthetik-Fasern

Polyester, Polyacryl, Nylon, Lycra etc. werden aus Erdöl hergestellt, bei der Rohölgewinnung kommt es zu Umweltverschmutzungen; die Fasern belasten Meere und Flüsse durch Mikroplastik, das beim Waschen freigesetzt wird; Recycling ist möglich, aber schwierig.

Recycling-Polyester hat einen niedrigen Wasserverbrauch, besteht aber leider aus PET-Flaschen, die zum Teil extra für die Produktion verschifft werden, anstatt sie wiederzuverwenden; beim Waschen wird Mikroplastik freigesetzt.

Cellulose-Regeneratfasern

Viskose hat einen geringeren Wasser- und Flächenverbrauch als Baumwolle, ist recyclingfähig, biologisch abbaubar und angenehm zu tragen; wird aus Holz hergestellt, das zwar nachwächst, aber nicht so schnell, wie es gerodet wird.
Modal wird aus Buchenholz aus europäischen Wäldern hergestellt, ist glatt und hat eine hohe Festigkeit.
Bambusfasern haben einen geringen Flächenverbrauch und Bambus wächst sehr schnell; stammen leider aus Asien, wo Umweltstandards oft nicht eingehalten werden.

Faserinnovationen

Bananen-, Orangen- oder Ananasfasern fallen als Reste auf Plantagen an.
Milchfaser wird aus Milch hergestellt, die nicht mehr konsumiert werden kann.

CAUTION SLOW DOWN

KLEIDUNG

Den Kleiderschrank organisieren

Ein klar strukturierter und gut erreichbarer Kleiderschrank hat den Vorteil, dass das Kind sich die Kleidung selbst aussuchen, herausnehmen und nach Möglichkeit selbst anziehen kann. Gerade wenn Kinder in der Autonomiephase sind, kann dies Streit und Stress am Morgen vorbeugen. Kinder wollen Dinge selber machen, wollen selbst wirksam sein und lernen, sich selbst zu versorgen. Sich eigenständig anzuziehen ist dabei ein wichtiger Meilenstein. Kleinen Kindern kann am Anfang ein gemaltes Poster helfen, das zeigt, wie viele Kleidungsstücke von welcher Art benötigt werden. So kann das Kind sie dann selbst aus dem Schrank nehmen und anziehen.

Capsule Wardrobe für Kids

Wenn Kinder sich selber anziehen, ist das Ergebnis manchmal wild gemustert und bunt und passt in unseren Augen nicht zusammen. Einigen Eltern macht das nichts aus und ihre Kinder können mit rosa-grün gestreifter Strumpfhose zu gelbem Kleid und lila Hut hinausgehen. Das Gefühl für Ästhetik entwickelt sich häufig erst im Laufe des Lebens. Wenn es dir nicht so leicht fällt, die kreativen Farb- und Musterkombinationen deines Kindes anzunehmen, kannst du dich an einer Capsule Wardrobe für Kinder versuchen. Wähle einige Basics aus, die farblich und vom Muster her zusammenpassen und gut miteinander kombinierbar sind. Das Prinzip der Capsule Wardrobe wahrt das Bedürfnis des Kindes nach Autonomie und wird gleichzeitig den ästhetischen Ansprüchen der Eltern gerecht. Wichtig ist aber grundsätzlich, dass auch du die Wünsche deines Kindes bei der Kleiderauswahl berücksichtigst und nicht ausschließlich deine eigenen. Spätestens in der Pubertät, aber oft schon vorher, bringen die Kinder sowieso ihre ganz eigenen Kleiderwünsche aus der Schule mit nach Hause. Dann ist es hilfreich, wenn ihr vorher schon einen guten Mittelweg geübt habt, um bei der Kleiderfrage nicht in die Streitfalle zu tappen.

Capsule Wardrobe für die Eltern

Was haben Mark Zuckerberg und Homer Simpson gemeinsam? Sie tragen immer dasselbe Outfit in mehreren Ausführungen. Aber auch »normale« Menschen können sich die Zeit, die sie morgens zum Auswählen der Kleidung brauchen, sparen. Eine New Yorker Art Direktorin trägt beispielsweise jeden Tag die gleiche schlichte schwarze Hose, die gleiche elegante, weiße Bluse und variiert nur die Halskette. So extrem muss es nicht sein. Mit der Capsule Wardrobe, einer Garderobe mit nur wenigen aufeinander abgestimmten Lieblingsstücken, spart man sich mindestens genauso viel Zeit und vor allem Stress.

Eine Capsule Wardrobe aufbauen – so geht's

1

Überlege, welchen Stil du magst und welchen du die nächste Jahreszeit über tragen möchtest.

2

Womit verbringst du deine Zeit in den folgenden drei Monaten? Gehst du zum Arbeiten in ein Büro, in eine Praxis oder eine Kita? Welche Kleidung ist hierfür geeignet? Wie viel Zeit verbringst du auf dem Spielplatz oder in Cafés und was trägst du dabei gern beziehungsweise was ist praktisch? Wenn dein Kind zum Beispiel gerade laufen gelernt hat und ständig alles entdeckt und fortläuft, brauchst du flache Schuhe, um hinterherzukommen.

3

Leere deinen Kleiderschrank komplett. Anschließend räumst du nur deine Lieblingsteile wieder ein und die Teile, die dir passen und sich gut kombinieren lassen. Wenn du noch Kleidung aus der letzten Saison verstaut hast: überprüfe auch diese und sortiere sie mit ein oder aus. Sport-, Hobby und gemütliche Kleidung für zu Hause kannst du außen vor lassen.

4

Notiere, welche Kleidungsstücke fehlen (je nach Einsatzbereich und Jahreszeit).

5

Kaufe die fehlenden Teile ökologisch und fair nach (siehe S. 87).

Wie gehe ich nachhaltig mit Kleidung um?

Gerade im Familienalltag sind wir manchmal verführt, mal eben schnell etwas neu zu kaufen: preiswerte Wechselkleidung für die Kita oder eine zweite Fast-Fashion-Matschhose, weil es viel einfacher ist, als die Kleidung immer zwischen Kita und zu Hause hin und her zu tragen. Bei aller Bequemlichkeit übersehen wir jedoch, dass wir uns auf diese Weise nicht nur selbst mit Dingen überlasten, sondern die wahren Kosten für die vermeintlich günstigen Teile auch anderen aufbürden, nämlich den Menschen in anderen Ländern, die sie herstellen.

Fast Fashion belastet Menschen und Umwelt

Parallel zur Slow-Food- und Slow-Travel-Bewegung entstand Slow Fashion als Gegenkonzept zu Fast Fashion. Fast Fashion steht hierbei nicht nur für schnelle Mode, sondern vor allem für niedrige Verkaufspreise, die durch billige und unfaire Produktion ermöglicht werden. Dass das kein kleines Problem ist, sieht man daran, dass die Textilindustrie der zweitgrößte Verschmutzer der Umwelt ist – direkt nach der Ölindustrie. 20 Prozent der Wasserverschmutzung weltweit werden von der Textilproduktion verursacht. Diese ist auch verantwortlich für acht Prozent des Treibhausgasausstoßes. Das ist nur der ökologische Aspekt. Schwierig ist auch der soziale.

Die Fast-Fashion-Produktion findet meist in Asien statt. In den Fabriken arbeiten mit großer Mehrheit Frauen unter teils menschenunwürdigen Bedingungen und für Löhne, von denen sie kaum leben können. Gewerkschaften werden zerschlagen, um die Arbeitssicherheit kümmert sich niemand und wenn die Arbeiter*innen krank oder schwanger werden, bekommen sie keine Gehaltsfortzahlung. Das alles, damit schnell und billig Kleidung produziert werden kann. Kleidung, die nicht verkauft wird, wird tonnenweise verbrannt. Wenn man sich der Verantwortungslosigkeit der Fast-Fashion-Konzerne bewusst wird, stellt sich beim Kleiderkauf die Frage: Wo kann ich überhaupt noch gute und stylische Kleidung ohne schlechtes Gewissen einkaufen?

Slow Fashion – nachhaltig und fair

Modefirmen, die nach dem Slow-Fashion-Prinzip arbeiten, geht es um die nachhaltige und faire Produktion von Kleidung. Sie achten darauf, dass die Rohstoffe fair und in Bio-Qualität angebaut beziehungsweise produziert werden. Im nächsten Schritt bedenken sie eine faire Bezahlung der Verarbeiter*innen wie Näher*innen, Färber*innen oder Packer*innen. Alle Schritte in der Produktionskette sind nachvollziehbar, transparent, fair und ökologisch verantwortlich. Neben der Ökobilanz sollte man daher auch den sozialen Aspekt nicht vernachlässigen und faire Marken supporten. Denn damit entsteht eine Nachfrage nach fairen Produkten, und diese Hersteller*innen können wachsen und mehr Leuten gerecht bezahlte Arbeit anbieten.

Secondhand, Flicken und Upcycling

Am ökologischsten ist es, vorhandene Kleidung zu reparieren, also Schuhe zum Schuster zu bringen, Löcher zu stopfen und neue Reißverschlüsse anzunähen. Großartig für Kinder sind auch Aufnäher und Flicken zum Aufbügeln. Das geht schnell und wertet Hose oder Shirt im Handumdrehen auf.

Sehr nachhaltig ist es auch, Secondhandkleidung zu kaufen. Ob im Vintage-Laden, auf dem Flohmarkt oder auf Online-Marktplätzen wie

Tipp

Kleine Löcher lassen sich mit schönen Stickereien reparieren. Auf Instagram und Pinterest zeigt eine wachsende Stick-Community unter #mending, #visiblemending oder #stopfen, wie kunstvoll und schön das aussehen kann.

Kleiderkreisel beziehungsweise Mamikreisel – Kleidung wiederverwenden verbraucht weniger Ressourcen als neu erwerben. Und wenn es dir zu aufwendig ist, deine Kleidung online zu kaufen oder zu verkaufen, kannst du auch einfach eine Kleidertauschparty mit Freund*innen, Kolleg*innen und Nachbar*innen organisieren.

Viele junge Marken widmen sich dem Upcycling und stellen zum Beispiel aus alten Feuerwehrschläuchen, Rettungsbooten von Geflüchteten oder alten Wollsachen neue Kleidung und Accessoires her. Eins dieser Unternehmen stellen wir ab Seite 95 vor.

Kleidung mieten

Wem kaufen zu teuer ist oder wer das Wiederverkaufen später vermeiden will, kann auch Kleidung für Groß und Klein mieten. Das Familienunternehmen Räubersachen beispielsweise führt Kleidung für die Kleinen und Kleinsten aus natürlichen Materialien wie Wolle und Seide in hoher Qualität und »made in Germany«. Wenn nach mehrmonatiger Miete der Verkaufspreis der Ware erreicht ist, muss man nicht mehr bezahlen, sondern hat das Kleidungsstück erworben. Kleider nicht nur für Kinder, sondern auch für die Mama gibt es auch auf kilenda.de

Tipps und Tricks für die Umstandszeit

Mit Bellybelts oder um den Bauch gewickelten Tüchern kannst du auch weiterhin deine Lieblingsshirts tragen, da sie die »Lücke« überdecken.

Schneide aus dem Hosenbund ein Stück heraus und setze einen Elastikbund ein – so kann die Hose noch eine Weile mitwachsen. Alternativ kannst du auch eine Hosenerweiterung kaufen oder ein Haargummi zum Verbinden von Knopf und Knopfloch verwenden.

Leih dir Umstandskleidung bei Freundinnen aus.

Kleidung für die Kleinsten kann man mieten.

Kleidungssiegel: Das sagen sie aus

IVN BEST
Sehr strenges Zertifikat, betrachtet die gesamte Produktionskette nach ökologischen und sozialen Kriterien; die Kleidungsstücke müssen vollständig aus Naturfasern bestehen.

GOTS (Global Organic Textile Standard)
Sehr strenges Zertifikat, betrachtet die gesamte Produktionskette nach ökologischen und sozialen Kriterien; die Kleidungsstücke müssen aus mindestens 70 Prozent Naturfasern bestehen.

OEKO-TEX Made in Green
Sehr strenges Zertifikat, betrachtet die Produktionskette von der Fabrik bis zum Endprodukt; die Kleidungsstücke dürfen neben Naturfasern auch aus Recyclingfasern und Mischgewebe bestehen.

bluesign
Strenges Zertifikat, betrachtet die gesamte Produktionskette und zertifiziert auch die Chemieindustrie, daher kann die Kleidung aus allen Fasern bestehen.

Cradle to Cradle
Strenges Zertifikat, betrachtet, ob das Produkt ökologisch und fair produziert wurde, prüft aber auch die Kreislauffähigkeit: Es darf in der ganzen Produktionskette kein Abfall entstehen.

Fairtrade
Überprüft nur den Anbau von Baumwolle und dessen ökologische und soziale Bedingungen, nicht die anschließende Produktion bis zum Endprodukt.

Fair Wear Foundation
Prüft nur, ob bei der Herstellung die sozialen Standards eingehalten werden.

INTERVIEW

Kleidung, Wickeltaschen und Accessoires, die Frauen über viele Jahre begleiten

mara mea, ein Berliner Modeunternehmen, verfolgt einen minimalistischen Ansatz mit seinen Produkten. Sie sollen durch stylische Multifunktionalität langlebig sein und Frauen durch verschiedene Phasen des Lebens begleiten können: In der Zeit der Schwangerschaft, in der Stillzeit und danach. Hierfür entwickeln Dorina Hartmann und Maren Will manchmal auch lange den genau richtigen Schnitt. Wir haben sie in ihrem Berliner Atelier besucht und gefragt, wie sie langlebige Kleidung und Accessoires entwerfen und worauf sie dabei achten.

Auch mara mea ist ein Freundinnenprojekt, das einmal klein anfing. Wie habt ihr euch gefunden und mara mea gegründet?

Dorina: Maren und ich haben damals zusammen studiert, wobei sich Maren auf Kids' Wear und ich mich auf Women's Wear Design spezialisiert hatte. Wir arbeiteten 5 Jahre in unseren Bereichen. Dann fragte mich Maren, ob wir nicht zusammen ein Kindermodelabel gründen wollen. Unser Geschmack passte schon damals sehr gut zusammen: modernes Boho mit klassischen Elementen. Zusammen sind wir zur Playtime Paris gefahren und haben uns dort umgesehen, aber schnell festgestellt, dass ein Kidslabel nicht unsere Zukunft wäre. Dafür haben wir eine andere Idee entwickelt: Ein multifunktionales, aber stylisches Label für Mütter.

Maren: Accessoires für Mütter sind oft wie für Kinder gestaltet. Wir haben uns gefragt: Was sollen Blümchen und Schleifchen auf Wickeltaschen, die die Frauen ansehen und tragen? Es macht keinen Sinn, dass Frauen ihren Stil dem Baby anpassen müssen. Es macht aber sehr wohl Sinn, wirklich schöne und langlebige Alltagsgegenstände zu haben, die derjenigen Person wirklich gefallen, die sie trägt.

Wie habt ihr eure Idee dann umgesetzt?

Dorina: Eines der ersten Key-Produkte von mara mea war die Wickeltasche. An ihr haben wir sehr lange gearbeitet, bis sie wirklich für uns stimmig war. Die erste Tasche war viel zu groß. Dann haben wir Mütter in Eltern-Kind-Cafés gefragt, was für sie wirklich wichtig ist beim Wickeln und an einer Wickeltasche. Dabei haben wir beispielsweise das Feedback bekommen, dass die Größe und Form der Wickelunterlage sehr wichtig ist. Daran haben wir dann unsere Wickeltasche angepasst. Dieses Feedback der Kundinnen ist für uns bis heute sehr wichtig, und wir sammeln alle Rückmeldungen und setzen dann auch Änderun-

Dorina Hartmann und Maren Will haben zusammen mara mea gegründet.

An einem Moodboard sammeln Dorina und Maren ihre Inspirationen für die nächste Kollektion.

gen um, wenn sie unsere Produkte sinnvoll ergänzen. Die Wickeltaschen sind nicht nur unterschiedlich tragbar, sondern beinhalten ein variables Innenleben. Mittlerweile werden insbesondere die unifarbenen Taschen auch von Vätern benutzt.

Neben Taschen und Accessoires macht ihr auch Kleidung. Geht ihr bei der Entwicklung ähnlich vor?

Dorina: Ja. Am Anfang war noch nicht alles in unserer Kollektion stillfähig. Wir haben auch hier Feedback aufgenommen und umgesetzt und designen (nun) Kleidung, die Frauen über mehrere Lebensphasen begleitet. Auch das Material ist dabei sehr entscheidend: Wir benutzen beispielsweise kein Polyester für Shirts und Kleider, wie es oft bei Stillkleidung zu finden ist. Dieses Material nimmt Gerüche stark auf und Kleidung kann dann nicht lange benutzt werden, weil sie unangenehm riecht – beispielsweise wenn Frauen im Wochenbett mehr schwitzen.

Maren: Wir achten darauf, dass die Stillfunktion dezent versteckt ist, sodass unsere Stücke auch nach der Stillzeit gut getragen werden können. Je nach Schnitt ist die Stillfunktion mal in einer Seitennaht versteckt, durch einen unauffälligen Reißverschluss in der Mitte oder durch eine abgesetzte Naht unter der Brust. Auch bei der Schnittführung achten wir darauf, dass ein Kleidungsstück entsteht, das nicht nach klassischer Schwangerenkleidung aussieht, sondern ein Lieblingsteil für viele Jahre werden kann: Wir schaffen langlebige, tagtägliche Begleiter, die den Alltag erleichtern und mit denen Frauen sich wohl fühlen und gut aussehen. Das ist uns wichtig.

Je nach Alter der Kinder kommen andere Dinge in die Elterntasche. Gut, wenn sich die Tasche oder der Rucksack über die Jahre flexibel anpassen lässt.

Minimalistische Erstausstattung - Nähe und Körperkontakt vor Zeug

Was braucht ein Baby am Anfang? Gar nicht viel, auch wenn wir es manchmal ganz anders hören oder lesen. Um die wirklichen Bedürfnisse eines Neugeborenen zu erkennen, ist es sinnvoll, zu überlegen, woher es kommt: Im Mutterleib war es warm umhüllt, im Körperkontakt, nach Bedarf mit Nahrung versorgt und gewiegt durch die Bewegungen des Körpers der Mutter. Diese Umstände sind es auch, die dem Baby das Ankommen nach der Geburt erleichtern: Es möchte im nahen Körperkontakt sein, gewärmt von einem anderen Körper, nah an der versorgenden Nahrungsquelle und beruhigt durch Körperkontakt und Wiegebewegungen. Gerade im Wochenbett können wir diesem Bedürfnis nachkommen, indem das Baby möglichst viel nackt beziehungsweise in Windeln am Körper der Bezugspersonen verbringt und über den Rücken zusätzlich mit einem Tuch bedeckt ist. Unterwegs in der Wohnung wird es im Hautkontakt im Tragetuch oder in der Tragehilfe getragen. Gerade in den ersten Tagen zu Hause brauchen Familien daher wenige Dinge wirklich. Eine minimalistische Erstausstattung an Kleidung, die auf das Wesentliche reduziert ist, kann so aussehen:

→ **4 Wickelbodys** (Wickelbodys sind leichter an- und auszuziehen, da sie nicht über den Kopf gezogen werden müssen)
→ **1 Hose** mit weichem, breitem Bund (damit sie am Nabel nicht drückt)
→ **1 Strampelsack** (der den Beinen eine Begrenzung gibt)
→ **1 Pullover** (wenn das Baby doch mal nicht im Körperkontakt ist)
→ **1 Strampler** ohne Fuß (denn Füße sind unterschiedlich groß, und manchmal verhindern allein die zu großen Füße eine lange Nutzung)
→ **1 Babymütze** (damit nicht zu viel Wärme über den vergleichsweise großen Kopf abgegeben wird, wenn das Baby nicht im Körperkontakt ist)
→ **1 Paar Pulswärmer** (die die Hände oder Füße wärmen)
→ **2 Paar Socken**
→ **1 Babydecke**
→ **große Mullwindeln,** die auch zum Pucken verwendet werden können

Viele Sachen für die Erstausstattung kommen auch von der Familie und von Freunden. Damit du nicht nur einen großen Stapel Bodys in Größe 50/56 hast, kannst du dir von Angehörigen und Freunden Kleidung in unterschiedlichen Größen schenken lassen. Auch Listen können helfen, unnötige Geschenke zu vermeiden. Secondhandkleidung hat für Babys den Vorteil, dass die Sachen in der Regel schon oft gewaschen und Chemikalien so entfernt wurden.

Einfach schlafen nach skandinavischen Vorbild: Die Erstlingsbox als Pappbett für Babys

Aber sicher: Zero Waste und Upcycling bei ForSchur

Tabea Börner und Nina Krake haben sich 2009 kennengelernt. Damals noch kinderlos, haben sie beide am Flughafen gejobbt: Tabea neben ihrem Studium der Sprach- und Kommunikationswissenschaft, Nina als Studentin der Bildungswissenschaften. 2012 wurden die beiden Freundinnen dann zeitgleich schwanger mit ihren ersten Kindern. Mit der Mutterschaft wuchs auf einmal das Bewusstsein für Kinderkleidung, ihre Herkunft und das Material. Sie fingen an, die Kleidung für ihre Kinder selbst zu nähen, und stießen dabei auf ihre Liebe zur Wolle. Aber Kinderkleidung aus gekaufter Wollmeterware? Für den geringen Bedarf erschien das zu umständlich. Schon vor der Schwangerschaft hatten die beiden Freundinnen eine Vorliebe für Secondhandkleidung. In einem Laden stieß Tabea dann auf einen schönen, sandfarbenen Wollpullover und nähte daraus die Erstausstattung für ihre Tochter, mit der sie zu dieser Zeit schwanger war. Damit wurde der Grundstein ihres Labels ForSchur gelegt.

In der folgenden Zeit wurde Tabea immer wieder von Freund*innen angesprochen, die ihre selbst genähten Sachen einfach schön fanden: Auf dem Markt der Ökolabel für Kinder sehen sich viele Produkte sehr ähnlich und damit dann auch die Kinder in einem Freundeskreis. Tabeas Kinder stachen mit ihren Sachen hervor. Schließlich wurde sie auch auf der Straße auf ihre besondere Kinderkleidung angesprochen. Zusammen mit Nina überlegte sie, einfach einmal einen Test zu machen: Mit Rollkoffern im Schlepptau durchforsteten sie die Berliner Secondhandläden und kauften Wollpullover, die sie zu Hause bei Nina weiterverarbeiteten. Sie kauften nach Gefühl ein und überlegten später, was für ein Kleidungsstück aus diesem Material werden sollte. Das hat sich bis heute so erhalten.

Markenzeichen: die Falte

An Ninas Küchentisch entstand so 2015 die allererste Kollektion. Mit dem zweiten Kind, gerade drei Monate alt, stand Nina kurz darauf neben Tabea an ihrem ersten Stand auf dem Berliner Kollwitzmarkt. Es regnete in Strömen, dennoch war ihr Stand sehr gut besucht und ihre Sachen fanden reißenden Absatz. Im Anschluss daran machten sie erst einmal eine Pause, um sich auf ihre zweiten Kinder zu konzentrieren. Im Sommer 2016 ging es dann aber weiter: Sie bauten die Internetseite und nähten bis nachts um drei Uhr

Freundinnen und Geschäftspartnerinnen: Nina Krake und Tabea Börner.

ForSchur bietet eine warme
und nachhaltige Hülle für
kleine Menschen.

Kindersachen. Zu ihrem Markenzeichen, der Falte, kamen sie, als Tabea eines Nachts eine Hose für ihren Sohn nähte, die ein wenig zu weit geworden war. Sie tüftelte eine Faltung aus, durch die die gesamte Passform der Hose optimiert wurde. »Die Falte« wurde dann zum Markenzeichen der selbst gemachten Kindersachen.

Liebevoller Umgang mit den Materialien

Mittlerweile nähen die beiden nicht mehr an Ninas Küchentisch. Zunächst arbeiteten sie mit einer Näherei zusammen und haben in dieser Zusammenarbeit viel gelernt. Danach stellten sie eigene Näherinnen ein, denn noch immer wird jeder Stoff einzeln angesehen. »Jedes Mal stellen wir uns aufs Neue die Frage: Was machen wir nun aus diesem Stoffbaby, das vor uns liegt?«, erklärt Nina. So etwas sehen die Abläufe in einer großen Näherei nicht vor. Als Geisteswissenschaftlerinnen nutzten die beiden ihre Kreativität, um Prozesse anzupassen und die verwendeten Materialien optimal auch im Zuschnitt zu ändern. Ihr Ziel ist es, keinen Stoff zu verschwenden. Daher haben sie ihre Kollektion auch daraufhin erweitert und optimiert, sodass selbst kleinste Stoffreste in schöne Hand- und Trageschuhe verwandelt werden.

Individuelle Lieblingsteile

Auch die Prozesse der Materialbesorgung haben sich verändert. Im Durchschnitt verarbeiten sie in ihrem kleinen Atelier in Berlin-Wedding im Monat 300 Kilogramm Wollpullover – Tendenz steigend. Der Weg, auf eine andere Weise als über Secondhandläden an gebrauchte Pullover zu kommen, war zunächst steinig, weil niemand so recht verstand, warum und wie die beiden ihr Ziel verfolgen wollten. Schließlich aber hatten sie Glück und stießen auf eine Sortieranlage in Mühlau in Sachsen, die ihr Vorhaben einfach großartig fand. Nina und Tabea verbrachten einen Tag dort und arbeiteten in der Sortieranlage, um zu sehen, ob und wie es möglich war, was sie sich wünschten. Heute werden sie von dieser und einer weiteren Anlage beliefert. Im Atelier wird jeder Pullover geprüft, bearbeitet, gewaschen und gekämmt und bekommt dann seine neue Bestimmung zugewiesen: ob Hose, Pullover, Weste oder Strampler, individuell je nach Farbe und Beschaffenheit. »Jedes Teil soll ein Lieblingsteil sein«, erklärt Tabea. Bequem, mitwachsend, strapazierfähig und vererbbar soll es sein. Zero Waste und Upcycling in Reinform für wärmende und langlebige Kinderkleidung.

Im Berliner Atelier entstehen die individuellen Kleidungsstücke.

Ernährung

Minimalistische Ernährung ist für Familien mit Kindern ideal. Denn indem wir auf Überflüssiges in der Küche verzichten und bewusst einkaufen sowie kochen können wir nicht nur Zeit und Geld sparen, sondern auch Müll vermeiden und den Kleinen von Anfang an eine gesunde Ernährung schmackhaft machen.

Gesundes Essen statt viel Küchengerät

Wer sich auf den Weg zu einem minimalistischen Familienleben begibt, hat beim Thema Abschied von Überflüssigem wahrscheinlich nicht zuerst die Ernährung, das Kochen oder die Küchengeräte im Blick. Erst wenn wir beginnen, in der Küche Dinge auszusortieren, merken wir, dass sich dort über die Jahre viel zu viel Zeug angesammelt hat – vom geschenkten Kaffeebecher über diverse Küchenmaschinen bis hin zur Müslischalensammlung. Schaut man dann genauer hin und überlegt, welchen Wert oder welche Funktion all diese Dinge für die Zubereitung unserer Mahlzeiten oder das Essen selbst haben, wird schnell klar: Unsere Ernährung wird nicht besser oder gesünder, je mehr Küchengeräte oder Essgeschirr wir besitzen.

Gesunde Ernährung ist das, was du kochst, und nicht, was du im Schrank stehen hast.

Auch in der Küche gilt: Reduzierung auf das Wesentliche.

Einfachheit ist das beste Esserlebnis

Gerade in einem Haushalt mit Kindern sammeln sich häufig noch viel mehr Dinge an. Werbebotschaften preisen Sterilisatoren für Nuckel und Fläschchen als lebenswichtig an, versprechen ein besseres Esserlebnis dank babygerechter Beikostlöffel oder empfehlen Fruchtriegel, Quetschies & Co. für eine ausgewogene Ernährung in Kindergarten und Schule. Generell ist heute die Auswahl an Nahrungsmitteln so groß, dass man schnell den Überblick verlieren kann bei den scheinbar unzähligen Sorten von Joghurt, Pizza oder Brot. Minimalistische Ernährung bringt uns zurück zum Wesentlichen: sich von frischen Lebensmitteln ernähren, einen Überblick über Inhaltsstoffe und Herstellung haben und nach Möglichkeit den Großteil der Speisen selbst zubereiten, mit Kindern Brot und Brötchen backen anstatt zu kaufen – zumindest am Wochenende –, Pizza backen und selbst belegen sowie gemeinsam Rezepte ausprobieren. Gerade für Familien liegt in diesem Ansatz viel Potenzial.

Klare Linien und freie Arbeitsflächen lassen Raum für das Tun.

Denn eine minimalistische Ernährung kann nicht nur preiswerter sein als die Ernährung mit Fertigwaren, sondern auch gesünder. Abgesehen davon hat es für Kinder einen pädagogischen Wert, zu sehen, wie Gerichte aus frischen Lebensmitteln zubereitet werden. Nur so lernen sie, wie die Rohstoffe von Nahrungsmitteln aussehen, wo sie herkommen und wie sie verarbeitet werden.

Alte Gewohnheiten über Bord werfen

Minimalismus bei der Familienernährung zu leben, bedeutet, sich frei zu machen von Werbebotschaften (»Eine kleine Schokoladentafel ist das perfekte Mitbringsel«), von Ernährungseinflüssen der eigenen Kindheit (»Kinder brauchen Lebertran«) oder Essgewohnheiten, die wir uns über die Jahre zugelegt haben (wie etwa die YumYum-Suppen aus der Studienzeit als Mittagessen). Stattdessen sollten wir uns darauf besinnen, was unser Körper wirklich braucht und was für eine gesunde Ernährung wirklich wichtig ist. Die Frage nach einer minimalistischen Ernährung ist damit eigentlich eine der wichtigsten Fragen des Minimalismus überhaupt, weil sie auf unser Wohlbefinden und die Gesundheit der gesamten Familie einen enormen Einfluss hat.

Schwangerschaft – das Richtige essen statt mehr

Die Gesundheit eines Kindes wird bereits weit vor der Schwangerschaft und der Geburt geprägt. Schon in der Kinderwunschzeit beziehungsweise in den Monaten und Jahren vor dem Eintreten der Schwangerschaft haben die werdenden Eltern nach neuesten Erkenntnissen der Forschung aufgrund ihrer Lebensweise und ihrer Ernährung einen Einfluss auf die Gesundheit des Kindes. So sind Kinderwunsch und Schwangerschaft ein guter Zeitpunkt, um die eigenen Essgewohnheiten und den Ernährungsstil kritisch in den Blick zu nehmen. Viele werdende Mütter stellen ihre Ernährung während der Schwangerschaft auf ökologische Lebensmittel um. Sobald sie während des Mutterschutzes mehr Zeit und Ruhe haben, kochen sie öfter selbst anstatt Fertiggerichte zu kaufen. Viele genießen es auch mehr, die Mahlzeiten als Paar oder im Kreis der Familie einzunehmen. Sich während der Schwangerschaft auf das Wesentliche bei der Ernährung zu besinnen, bedeutet, auf die Bedürfnisse des eigenen Körpers zu achten. Wer schwanger ist, muss nicht »für zwei essen«. Tatsächlich erhöht sich der Bedarf an Kalorien während der Schwangerschaft nicht wesentlich: Schwangere benötigen nur 200–300 Kilokalorien mehr am Tag. Wichtiger als die Kalorien sind jedoch die Inhaltsstoffe der Lebensmittel. Verzichte auf schnell gekaufte Snacks für den kleinen Hunger zwischendurch und rein prophylaktische Nahrungsergänzungsmittel (außer auf Folsäure und bei einem diagnostizierten Mangel) oder mit Vitaminkomplexen angereicherte Säfte. Wenn du dir die Zeit nimmst, deine Mahlzeiten aus ausgewählten frischen Zutaten selbst zuzubereiten, gibst du deinem Körper genau das, was er braucht. Einige Lebensmittel sind für die Schwangerschaft besonders gut: Spinat, Erbsen, Sojabohnen sind gute Folsäurelieferanten, Kidneybohnen, Kichererbsen, Sojabohnen sind gute Eiweißspender. Hirse und Rote Bete liefern Eisen, Vollkorngetreide und Nüsse versorgen Schwangere mit Zink. Aber auch Omega-3-Fettsäuren, Vitamin B12, Kalzium, Jod, Vitamin B2 und Vitamin D sind wichtig für werdende Mütter.

Tipp

Nimm dir an einem Wochenende Zeit für die Lebensmittel in deinem Kühlschrank und Vorratsschrank und schau dir die Inhaltsstoffe an. Bei wie vielen weißt du nicht, was es ist? Recherchiere, was in den Lebensmitteln drin ist, und frage dich: Welche dieser Sachen habe ich aus Tradition im Schrank, vielleicht weil es sie schon in meiner Kindheit zu Hause gab?

Neben der Ernährung auch wichtig in der Schwangerschaft: Ausruhen. Denn das ist Nahrung für die Seele.

Stillen

Muttermilch ist die gesündeste und natürliche Ernährung für Babys. Immer richtig temperiert, löscht sie Durst, stillt Hunger und bietet dem Baby genau die Inhaltsstoffe, die es im jeweiligen Alter benötigt und die für seine gesunde Entwicklung notwendig sind. Und das seit Millionen von Jahren. Nach Angaben von UNICEF sterben jährlich 1,5 Millionen Kinder weltweit, unter anderem weil sie nicht gestillt werden. Darüber hinaus hat das Stillen auch eine positive Auswirkung auf die Mutter: Es unterstützt die Rückbildung der Gebärmutter, und jedes Jahr Stillzeit senkt das Risiko, an Brustkrebs zu erkranken, um fünf Prozent. Auch ein Schutz vor Herz-Kreislauf-Erkrankungen ist nachgewiesen.

Es ist nicht viel zum Stillen nötig. Das sind Milenas Basics.

Muttermilch – Minimalismus pur

Stillen an sich ist in gewisser Weise die Reduktion auf das Wesentliche. Es belastet nicht die Umwelt und es entstehen kaum Zusatzkosten – von den 500 Kilokalorien abgesehen, die stillende Mütter zusätzlich zu ihrem normalen Kalorienbedarf benötigen, und wenigen Anschaffungen wie beispielsweise Stilleinlagen für den Beginn. Und in den ersten sechs Lebensmonaten braucht ein Baby normalerweise keine zusätzliche Nahrung oder Flüssigkeit, nicht einmal Wasser, da sich die Muttermilch perfekt an die jeweiligen Bedürfnisse des Säuglings anpasst.

Brustwarzenschoner, Milchpumpe & Co.

Es könnte also alles so einfach sein, wenn nicht Werbeanzeigen in Elternzeitschriften oder die Regale in Drogerien uns etwas anderes weismachen wollten. Denn selbst wer das Baby auf diese ganz natürliche Weise ernähren möchte, scheint dafür sehr viele Dinge zu brauchen: Stilleinlagen, Brustwarzenschoner, Brustcreme, Milchbildungsöl, Hygienetücher für die Brust, Notfallflaschen, eine Milchpumpe und Milchpulver, falls es doch nicht klappt. Wie in vielen anderen Bereichen hat sich auch rund um das Stillen eine ganze Industrie entwickelt, die das vermeintlich Einfache zu einem komplizierten und hochkomplexen Thema macht. Man muss sich informieren, sich für das eine oder gegen das andere entscheiden und hat das Gefühl, dass es ein Studium braucht, um sich mit allem auszukennen – von Milchauffangschalen über Silberhütchen bis hin zum Brustwarzenformer.

Zeit und eine gute Beratung

Was Eltern aber wirklich brauchen für einen gelungenen Stillstart, ist etwas, das käuflich nur bedingt zu erwerben ist, nämlich Zeit und eine gute Beratung. Stillen klappt nicht immer auf Anhieb. Sicher, es gibt die magischen Momente, in denen das Baby nach der Geburt die Zeit hat, selbstgeleitet die Brust zu finden und sofort und für die ganze Stillzeit problemlos trinkt. Oft muss sich jedoch alles erst einspielen. Manche Mütter wissen instinktiv, wie das Stillen funktioniert, bei anderen ist mehr Unterstützung notwendig. Auch weil die Natürlichkeit des Stillens aus unserem Alltag verschwunden ist und wir wenige Vorbilder haben. Daher ist es empfehlenswert, erst einmal abzuwarten mit Anschaffungen. Gerade in größeren Städten sind all die Dinge für das Stillen schnell zu organisieren, wenn es wirklich nicht klappt. Viele Produkte musst du nicht vorab kaufen und im Notfallschrank aufbewahren. Unerlässlich sind jedoch Ruhe und Zeit, damit sich die Stillbeziehung zwischen Mutter und Kind entwickeln kann, und darüber hinaus eine gute Hebamme oder Stillberaterin. Sie unterstützt und begleitet dich nicht nur während der Stillzeit, sondern zeigt beispielsweise auch, wie du Muttermilch auch ohne Milchpumpe von Hand aus der Brust gewinnen kannst. Wenn du dennoch eine Pumpe oder andere Hilfsmittel benötigst, kann sie dich umfassend beraten, welche Anschaffungen wirklich sinnvoll sind.

Ernährung mit dem Fläschchen

Manchmal gibt es Umstände, die das Stillen erschweren oder unmöglich machen. Auch wenn wir es oft anders lesen oder hören: Stillen muss wie vieles andere gelernt und geübt werden. Zum Beispiel ist es wichtig zu wissen, welche guten Stillpositionen es gibt oder was bei Problemen zu tun ist. Wenn du aus medizinischen Gründen nicht stillen kannst oder dich aus persönlichen Gründen dagegen entschieden hast, benötigt das Baby künstliche Säuglingsnahrung. Auch wenn du das Baby mit der Flasche ernährst, benötigst du nicht viel zusätzliche Ausrüstung. Vor allem solltest du auf »praktische« Flaschenhalterungen, die an Babyschale und Co. befestigt werden und die Eltern beim Füttern überflüssig machen, verzichten. Babys brauchen Körperkontakt und Nähe. Gerade das Füttern ist eine gute Gelegenheit, diesem Bedürfnis nachzukommen. Beim Stillen entstehen schätzungsweise 600 Stunden Hautkontakt zwischen Mutter und Kind allein in den ersten sechs Lebensmonaten. Das Füttern mit der Flasche ist eine wunderbare Gelegenheit, um diesen so wichtigen Körperkontakt herzustellen. Als künstliche Säuglingsnahrung reicht Pre-Milch völlig aus. Babys benötigen keine Folgemilch, sondern können die gesamte Zeit nach Bedarf mit Pre-Milch versorgt werden. Geeignete Babyflaschen gibt es nicht nur aus Plastik, sondern auch aus Glas. Für deren Reinigung musst du kein Desinfektionsgerät anschaffen. Laut Forschungsinstitut für Kinderernährung reicht es aus, die Flaschen mit heißem Wasser und Spülmittel oder in der Spülmaschine bei mindestens 65 °C zu reinigen. Anschließend sollten die sauberen Flaschen einfach sauber und trocken gelagert werden. Wichtig ist allerdings: Trinkt das Baby die Flasche nicht aus, müssen die Reste verworfen werden.

Tipp

Auch wenn er auf kaum einer Erstausstattungsliste fehlt: Babys brauchen nicht automatisch einen Schnuller. Viele Babys stillen ihr Saugbedürfnis an der Brust. Auch am Finger eines Erwachsenen zu nuckeln, ist am Anfang eine Alternative. Hat das Baby ein starkes Saugbedürfnis, Schwierigkeiten mit der Regulation oder wurde es zu früh geboren, kann ein Schnuller eine Hilfe sein.

Babyfläschchen gibt es auch aus Glas oder Metall.

Babyernährung mit Fläschchen – so geht es einfach

1. Achte auf viel Hautkontakt.

2. Gerade am Anfang sollten nur die primären Bezugspersonen, also die Eltern, füttern.

3. Benutze einen kleinen Sauger, damit das Baby sein Saugbedürfnis stillt und ein Gefühl für Sättigung bekommt.

4. Stecke dem Baby den Sauger nicht in den Mund, sondern lege ihn an die Lippen und warte, dass das Baby den Mund öffnet.

5. Füttere nach Bedarf mit Pre-Milch. Lass dich nicht von den Mengenangaben irritieren; zieh wenn nötig einen Stoffüberzug über die Flasche, um nicht auf die getrunkene Menge zu achten, achte lieber auf die Sättigung des Babys.

6. Achte von Anfang an darauf, dass auch das Füttern mit der Flasche eine Zeit des Miteinanders und der Kommunikation ist.

Beikost ohne Brei und Gläschen

Auch wenn uns die Regale in Drogerien und die Werbeanzeigen in Elternzeitschriften etwas anderes suggerieren: Babys brauchen im ersten halben Jahr keine Nahrung neben der (Mutter-) Milch. Erst mit etwa sechs Monaten kommen sie ins Beikostalter, sind also so weit entwickelt, dass sie andere Nahrung neben der Muttermilch oder künstlicher Säuglingsnahrung zu sich nehmen können. Die Anzeichen für diese sogenannte Beikostreife treten jedoch von Kind zu Kind unterschiedlich auf. Manche Kinder schieben sich schon mit fünf Monaten den ersten Happen selbst in den Mund, andere Kinder erst mit acht Monaten. Rund um diesen Zeitraum gibt es jedoch diverse Produkte, die die Nahrungsaufnahme unterstützen sollen oder vermeintlich vereinfachen.

Während über Jahrtausende weder Silikonlöffel noch spezielle Warmhalteschüsseln für die Kinderernährung gebraucht wurden, hat die Industrie heute einen ganzen Produktzweig dafür etabliert. Doch Babys sind von Natur aus Minimalisten. Für einen gesunden Start brauchen sie weder Gläschen noch spezielle Hilfsmittel. Auch bei der Beikost kannst du dich also getrost auf das Wesentliche konzentrieren: das Baby und das Nahrungsmittel.

Baby-Led Weaning

Das hat auch die britische Hebamme Gill Rapley erkannt und als moderne Gegenbewegung zu der Produkteflut der Industrie das Baby-Led Weaning wieder aufkommen lassen, also das vom Baby geleitete Abstillen. Dabei geht es nicht nur darum, dass das Baby den Abstillprozess selbst gestaltet, sondern auch um die Form der Nahrungsaufnahme. Das Baby darf bei dieser Methode nämlich ganz einfach vom Familientisch mitessen. Nur wenige Nahrungsmittel sind dabei tabu (siehe Liste). Das Baby-Led Weaning unterstützt die Kleinsten dabei, Nahrungsmittel in Ruhe kennenzulernen: Es gibt ihnen Zeit zum Erkunden, lässt ihnen die Freude am Ausprobieren und gönnt ihnen, den Genuss, Geruch, Geschmack und die Haptik des Essens mit allen Sinnen wahrzunehmen.

Diese Nahrungsmittel sind im ersten Jahr nicht geeignet.

Noch vor einigen Jahren war die Beikosteinführung streng festgelegt mit Ablaufplänen und empfohlenen Nahrungsmitteln. Heute ist alles wesentlich entspannter: ein breites Nahrungsangebot unter dem »Schutz des Stillens« schützt vor Allergien. Verzichtet werden sollte im ersten Jahr lediglich auf folgende Nahrungsmittel:

→ **Rohmilch**
→ **rohe Eier**
→ **Honig**
→ **Salz** (im Kochwasser ist Salz erlaubt)
→ **Salat** (da noch nicht zerkleinerbar)
→ **unverarbeitete Nüsse** (Gefahr des Verschluckens)
→ **kleine Beeren** (Gefahr des Verschluckens)
→ **Zuckerzusätze** (Maltose, Dextrose, Fruktose, Maltodextrin etc.)
→ **Bindemittel** und **Geschmacksstoffe**
→ **Süßigkeiten**
→ **Vollmilch** nur bis zu 200 Milliliter täglich in Form von Milchbrei oder Milchspeisen und Käse

Gemeinsam Essen erkunden – Essen bedeutet mehr als »nur« Nahrung.

INTERVIEW

Minimalistische Babyernährung

Anja Gaca ist freiberufliche Hebamme, Mitautorin von »Das breifrei!-Kochbuch« und Mutter von vier Kindern. Mit ihrem Mann und den Kindern wohnt sie in Berlin-Prenzlauer Berg, wo sie Mütter auch als Stillberaterin IBCLC zum Stillen und zur Beikost berät. Anja ernährt sich seit einigen Jahren größtenteils vegan, davor bereits lange Jahre vegetarisch. Sie hat auch eines ihrer beiden erfolgreichen Beikostbücher »breifrei! Das Veggie-Kochbuch« der vegetarischen und veganen Ernährung gewidmet. Privat lebt sie trotz Großfamilie eher minimalistisch und möglichst nachhaltig.

Minimalismus und Ernährung – wie kann man das in der Familie zusammenbringen?

Essen sollte etwas Schönes sein für die ganze Familie. Zeit, die man entspannt zusammen verbringt, während man das Essen genießt. In vielen Familien mit kleinen Kindern scheint aber das Essen oft ein großes Stressthema zu sein. Zum einen liegt das an oft unrealistischen Erwartungen. Breipläne suggerieren zum Beispiel, dass ein Baby in einem bestimmten Alter eine ganz bestimmte Menge essen müsste. Eltern haben dann schnell die Befürchtung, etwas falsch gemacht zu haben, wenn ihr Kind zum Beispiel trotz ausgefeilter Breirezepte lieber noch gestillt werden möchte. Auch die unzähligen Esslernhilfen für Kinder, die es auf dem Markt gibt, verunsichern eher, als dass sie eine wirkliche Hilfe im Essalltag sind. Kinder brauchen keine gebogenen Spezialöffel, Obstlutschnetze, Ganzkörperlätzchen oder Trinklernbecher mit immer neuen Aufsätzen. Viel hilfreicher sind eine entspannte Essatmosphäre sowie Vorbilder. Denn Kinder orientieren sich daran, was die Eltern tun. Auch muss das Essen der Kinder nicht extra gekauft oder gekocht werden. Auch für kleine Essanfänger bietet der gesunde Familientisch genug Möglichkeiten, um ergänzend zum Stillen oder zur Pre-Nahrung die ersten festen Lebensmittel kennenzulernen.

Stillen ist die gesündeste Ernährung für das Baby. Was braucht man dafür aus Hebammensicht?

Ganz wenig: eine Mutter mit Stillwunsch und ein Kind mit Stillbereitschaft. In den meisten Fällen bringen beide dies mit, dennoch ist es nicht immer ganz so einfach wie vielleicht erwartet. Gerade die ersten Stilltage sind eine sensible Zeit, in der viele Weichen für den weiteren Stillverlauf ge-

Kleine Snacks helfen der stillenden Mutter.

stellt werden. Der Geburtsverlauf, das Befinden von Mutter und Kind nach der Geburt, Interventionen in diesem Zeitraum, das erste Bonding, das erste Anlegen … all das hat einen Einfluss auf die Stillbeziehung. Auch wie eine Mutter in dieser Zeit unterstützt wird, ist wichtig, vor allem wenn sie Schwierigkeiten beim Stillen hat. Stillende Mütter brauchen gerade in Krisen Verständnis und Bestärkung in ihrer mütterlichen Kompetenz. Und bei Problemen brauchen sie adäquate fachliche Hilfe statt widersprüchlicher Tipps aus allen Richtungen. Eine Erleichterung ist es auch, wenn sich Eltern bereits vorab über das Stillen und die erste Babyzeit informieren, sodass sie mit realistischen Erwartungen in das Leben mit einem neugeborenen Kind starten. Eltern, die dies tun, kümmern sich in der Regel auch schon rechtzeitig um mehr Unterstützung für die wichtige Wochenbettzeit. Und auch über diesen Zeitraum hinaus ist es gut, wenn Mütter einen Ansprechpartner bei Fragen oder Stillproblemen haben. Hebammen können bis zum Ende der Abstillzeit beraten und helfen.

Was können Mütter tun, wenn das Stillen nicht möglich ist?

Die meisten Stillschwierigkeiten können mit guter Unterstützung überwunden werden. Allerdings wird es für Mütter gerade immer schwieriger, Unterstützung durch eine Hebamme oder Stillberaterin zu bekommen, weil die Nachfrage das Angebot übersteigt. Dennoch ist es sinnvoll, sich zuerst um fachliche Hilfe zu kümmern, anstatt sofort voreilig zuzufüttern, weil dadurch unbeabsichtigt der Abstillprozess in Gang gesetzt wird. Wenn das Stillen nicht gelingen will, sollte die Milch abgepumpt und am besten direkt an der Brust zugefüttert werden. Auch Spenderinnenmilch ist eine Option. Diese in Muttermilchbanken gesammelte Milch ist aber vor allem kranken und zu früh geborenen Babys vorbehalten. Natürlich gibt es Situationen, wo das Zufüttern vorübergehend oder auch langfristig sinnvoll ist. Darüber hinaus ist das Stillen selbst und auch die Stilldauer abhängig von den Wünschen und Vorstellungen der Mutter. Wichtig ist es, einen Ernährungsweg zu finden, der sich individuell für die Mutter und das Kind stimmig anfühlt und mit dem das Baby gut gedeiht. Beim Stillen gibt es nicht den einen »richtigen Weg«.

Die Anzahl der benötigten Flaschen richtet sich danach, wie oft das Baby gefüttert wird. Da die Flaschen aber ohnehin unmittelbar nach dem Trinken gesäubert werden sollten, braucht man meist weniger, als man denkt. Als Material empfehle ich Glas oder BPA-freie Kunststoffe. Ich rate Müttern immer, zunächst nur wenige Fläschchen anzuschaffen und bei Bedarf weitere zu ergänzen. Denn manchmal stellt sich ein Flaschenmodell oder das Material als unpraktisch für den persönlichen Fütteralltag heraus. Um zu vermeiden, dass man zahlreiche ungenutzte Fläschchen im Schrank stehen hat, ist es besser, zunächst wenige anzuschaffen, bis man die richtigen gefunden hat. Die Sauger sollten regelmäßig ausgetauscht werden. Hier steht Hygiene ganz klar vor der Minimalismus-Idee. All diese Empfehlungen gelten für das gesunde Kind zu Hause. Für zu früh geborene oder kranke Kinder sind andere Maßnahmen erforderlich. Natürlich spielen auch die häuslichen hygienischen Gegebenheiten eine Rolle. Wenn diese nicht optimal sind, kann es durchaus sinnvoll sein, Flaschen und Sauger zu sterilisieren.

Wie kann es nach der Still- oder Pre-Milch-Zeit minimalistisch weitergehen?

Zunächst einmal zeigt jedes Kind seine Beikostreife individuell an. Dafür sind bestimmte körperliche Voraussetzungen notwendig. Selbstständiges Drehen oder das Greifen von Gegenständen, die dann zum Mund geführt werden, sind wichtige Signale. Auch muss das Kind eigenständig und mit nur wenig Unterstützung im Rücken sitzen können. Der Zungenstoßreflex, mit dem Babys Dinge aus dem Mund schieben, sollte deutlich abgeschwächt beziehungsweise nicht mehr vorhanden sein. Darüber hinaus zeigen Babys irgendwann auch ein Interesse am Essen. Das entwickelt sich am besten, wenn das Baby einfach bei den Familienmahlzeiten mit dabei ist. Man braucht also keinen Kalender, um den richtigen Zeitpunkt für den Beikostbeginn zu bestimmen. Es genügt völlig, das Baby aufmerksam zu beobachten. Sobald es so weit ist, wird das Baby in seinem eigenen Tempo nach und nach neue Lebensmittel entdecken. Die Beikost kommt zunächst nur ergänzend hinzu, während das Stillen die Hauptnahrungsquelle bleibt. Im Lauf der Zeit gewinnt die Beikost an Bedeutung.

Vier eigene Kinder hat Anja durch die Beikostzeit begleitet und zahlreiche Familien beraten.

Was rätst du Familien, die auf Gläschenkost verzichten wollen?

Gläschen sind letztlich eine Art Fast Food, das geschmacklich recht einheitlich ausfällt und auch ziemlich viel Müll produziert. Sie sind auch wesentlich teurer als selbst zubereitetes Essen, und viele Produkte enthalten leider unerwünschte Zusatzstoffe wie beispielsweise Zuckerzusätze. Auf den ersten Blick erscheint es praktisch, das Baby im stressigen Familienalltag mit einem Gläschen zu füttern. Aber da die Eltern ja auch selbst kochen und essen müssen, ist der Aufwand eigentlich gering, einfach für das Baby mitzukochen. So kann das Baby nach und nach das Essen kennenlernen, das es in der Familie gibt. Familienmahlzeiten, die aus gesunden, frischen und idealerweise saisonalen und regionalen Zutaten zubereitet sind, sind auch für das Baby geeignet. Lediglich Salz und andere Gewürze sollten etwas sparsamer verwendet werden und natürlich sollten sich Eltern über die wenigen Lebensmittel informieren, die Babys noch nicht probieren können.

Beim Essen geht es für Babys nicht nur um die geschmackliche Erfahrung. Sie wollen die verschiedenen Lebensmittel mit allen Sinnen erfassen: die verschiedenen Formen und die Konsistenz mit den Händen (be-)greifen und im Mund spüren. Auch der Geruch spielt eine Rolle. Deshalb eignen sich frische Lebensmittel wesentlich besser zum Erfahren und Lernen als Fertignahrung. Beikost mit allen Sinnen kennenzulernen ist sozusagen auch pädagogisch wertvoll. Mit Blaubeeren lässt sich zum Beispiel die Feinmotorik viel besser »trainieren« als mit einem ausgeklügelten Lernspielzeug.

Gibt es Regeln für die Beikost ohne Brei?

Es gibt einige Regeln, die alle Eltern beachten sollten, ganz gleich ob sie mit oder ohne Brei füttern. Das Kind muss aufrecht zum Essen sitzen, weshalb ein zu früher Beginn der Beikost sich eigentlich schon von selbst ausschließt. Außerdem sollte das Baby beim Essen nicht aus den Augen gelassen werden. Das klingt selbstverständlich, aber gerade etwas größere Babys sieht man häufig im Buggy in Fahrtrichtung sitzen und am Brötchen lutschen. Als Eltern müssen wir sehen, was das Kind macht, um eingreifen zu können, wenn es unsere Hilfe braucht. Auch wenn Kinder beim Essen herumlaufen, besteht das Risiko, dass sie sich verschlucken. Generell ist es sinnvoll, Spielen und Bewegung vom Essen zu trennen. So kann sich das Kind auf die jeweilige Tätigkeit konzentrieren. Kinder, die beim Essen durch etwas anderes abgelenkt sind, können ihr Hunger- und Sättigungsgefühl nicht richtig wahrnehmen und essen womöglich mehr, als sie brauchen.

Wenn Kinder keinen Brei bekommen, werden sie auch nicht gefüttert. Weder Eltern noch übereifrige Geschwister dürfen dem Baby also stückige Nahrung in den Mund schieben. Das Baby nimmt sich die Essensstückchen und steckt sie

Hebammen beraten nicht nur zu Schwangerschaft und Geburt, sondern auch zu Stillen und Beikosteinführung.

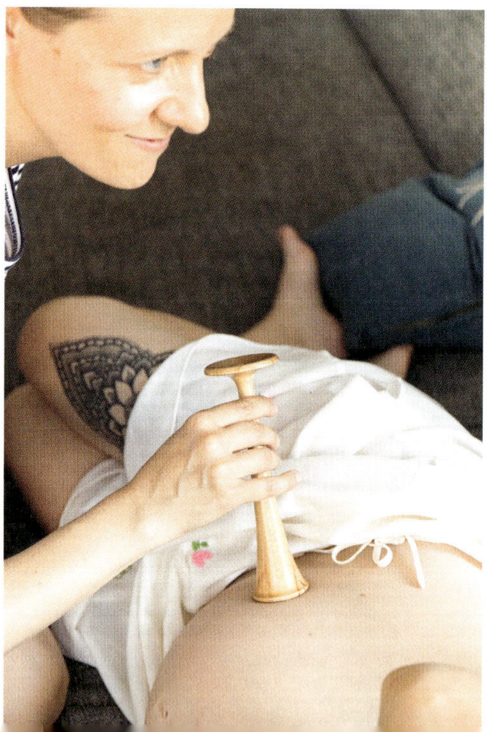

sich selbstständig in den Mund. Nur so kann es ein Gefühl dafür entwickeln, was im Hinblick auf Konsistenz und Größe möglich ist und was es zunächst lieber noch einmal ausspuckt. Bei kleinen Kindern liegt der Würgreflexpunkt noch relativ weit vorn, damit sie nichts verschlucken, was noch zu groß ist.

Wenn Kinder Brei bekommen, sollten Eltern sie achtsam füttern. Das ist gar nicht so einfach. Ich empfehle Eltern gern, sich einmal gegenseitig zu füttern, um ein Gefühl dafür zu bekommen, wie es sich anfühlt. Man muss sehr aufmerksam dabei vorgehen, um die Zeichen des Babys richtig zu interpretieren. Denn auch beim Füttern signalisiert das Kind Hunger und Sättigung sowie generell seine Essbereitschaft. Die Aufgabe der Eltern ist also immer »nur«, ein gesundes Angebot zu machen. Das Baby bestimmt, was und wie viel es davon essen möchte – ganz gleich ob es gefüttert wird oder selbstständig isst.

Welche Erfahrungen hast du persönlich und auch in deiner Beratungsarbeit mit dieser Form der Babyernährung gemacht?

Ich berate gar nicht zu einer bestimmten Variante, sondern schaue immer zusammen mit den Eltern, was für sie und ihr Kind passt. Oft zeigen die Kinder ja recht deutlich, was sie eigentlich möchten. Auch wenn unser Buch »breifrei« heißt, bedeutet das ja nicht, dass Brei »verboten« ist. Zumal so leckere Gerichte wie Risotto, Milchreis, das Frühstücksporridge oder die cremige Kürbissuppe ja auch eine irgendwie breiige Konsistenz haben. Der Grundtenor meiner Beratung ist aber, dass die Eltern zunächst einmal ihre Ernährung im Alltag genau in den Blick nehmen. Denn an ihrem Familientisch wird das Kind ja auch weit über die Beikostzeit hinaus mitessen. Das verhindert auch der Kauf von Gläschen nicht. Und Lebensmittel, die großen Menschen gut tun, sind in der Regel auch für kleine Menschen sinnvoll.

Persönlich habe ich bei meinen eigenen Kindern unterschiedliche Erfahrungen gemacht. Für meine erste Tochter habe ich noch liebevoll Brei gekocht, den sie aber nicht mochte. Auch das Füttern passte für sie und wahrscheinlich auch für mich nicht so richtig. Stattdessen hat sie sich lieber von unseren Tellern bedient. Die drei nachfolgenden Kinder bekamen dann gleich ihren eigenen Teller anstelle des Breischälchens. Genauso verlief es auch mit dem Stillen in der Beikostzeit. Mal habe ich mehr, mal weniger, phasenweise auch wieder ausschließlich gestillt und das auch noch weit nach dem ersten Geburtstag. Sowohl als Hebamme als auch als Mutter habe ich von den Babys selbst immer am meisten gelernt in Sachen Beikost.

Netz-Tipp

Rezepte zum Baby-Led Weaning
und zur Babyernährung ohne Gläschen
findest du hier:
www.breifreibaby.de
www.baby-led-weaning.de

Wasser – und sonst nichts

Leitungswasser ist in Deutschland das am strengsten überprüfte Lebensmittel und in der Regel in einer sehr guten Qualität verfügbar. Unser Körper, der zu rund 70 Prozent aus Wasser besteht, benötigt Wasser unter anderem für den Transport von Nährstoffen sowie als Löse- und Reinigungsmittel. Das gilt für Erwachsene genauso wie für Babys. Babys, die voll gestillt oder mit Flaschennahrung nach Bedarf versorgt werden, erhalten normalerweise über die Milch genügend Wasser. Denn neben Proteinen, Fetten, Kohlehydraten, Hormonen, Vitaminen, Mineralstoffen, Spurenelementen, Enzymen und Wachstumsfaktoren besteht Muttermilch zu 87 Prozent aus Wasser und bietet Stillbabys ausreichend Flüssigkeit.

Trinken lernen ganz ohne Hilfsmittel

Erst wenn Kinder größere Mengen an Beikost zu sich nehmen, benötigen sie zusätzlich Flüssigkeit. Um Kindern die Flüssigkeit schmackhaft zu machen, sind jedoch weder verdünnte Säfte noch Tee oder Milch notwendig. Wasser in seiner reinen Form ist für Kinder wie auch für Erwachsene ausreichend. Wir können es den Kleinen zu den Mahlzeiten einfach in einem kleinen Becher oder einem Glas anbieten. Anfangs noch unterstützt von den Eltern, können die kleinen Hände schon recht schnell ein Glas sicher halten und zum Mund führen. Spezielle Trinklerntassen sind daher nicht notwendig. Und auch auf Plastikflaschen sollten wir verzichten, damit die Kinder keine Weichmacher über das Wasser aufnehmen.

Abkochen muss nicht sein

Während vor einigen Jahren noch geraten wurde, das Wasser für Kinder im ersten Lebensjahr abzukochen, ist auch in dieser Hinsicht heute Entspannung angesagt. Frisches Leitungswasser muss laut Forschungsinstitut für Kinderernährung bei uns für die Zubereitung des Babyfläschchens nicht mehr abgekocht werden. Auch später können wir unseren Kleinen frisches Leitungswasser bedenkenlos anbieten. Wer dennoch die Qualität seines Leitungswassers überprüfen möchte, kann eine Trinkwasserprobe im Labor untersuchen lassen. Einige Versorgungsunternehmen bieten beispielsweise eine kostenfreie Blei-Analyse an für Haushalte, in denen Schwangere oder Säuglinge im Alter von bis zu zwölf Monaten leben.

Leckeres aus der Lunchbox

Die Vorteile, Beikost ohne Gläschen einzuführen, machen sich vor allem bemerkbar, wenn wir mit den Kindern unterwegs sind. Dann benötigen wir nämlich weder Gläschen noch Gläschenwärmer oder Besteck, sondern die Kleinen essen die geschnittenen Obst-, Gemüse- oder Brotstücke direkt aus der Lunchbox. Die minimalistische Lunchbox für unterwegs, Kindergarten und Schule wird dem Motto »Konzentration auf das Wesentliche« gerecht und muss dennoch nicht langweilig sein. Hinein kommt, was pur ist und gefällt: Statt Müsliriegeln, Gummibärchen oder Schoko-Ei gibt es belegte Brote, Nüsse, getrocknete Früchte, Obst und Gemüse. Wer es verspielter mag, kann mit speziellen Formen Brote, Obst und Gemüse zu hübschen Motiven ausstechen. Reste, die die Kinder wieder mit nach Hause bringen, essen wir am Abend oder sie werden im Salat oder zu Kompott verarbeitet. Das gilt auch für Schulbrote und Co. Sie können am Abend in der Pfanne angebraten werden und schmecken köstlich als leckere, knusprige Beilage zu einem Salat oder einer Suppe. Obstreste kochen wir im Topf mit etwas Wasser auf und reichen sie zur Vesper als Kompott.

Essen unterwegs

1. Stofftaschentuch und Bambus- oder Camping-Besteckset
2. Kaffeebecher für Kaffee, Smoothie oder als Restebehälter für unterwegs

3 + 4 Edelstahlboxen (nicht auslaufsicher) – perfekt für belegte Brote, klein geschnittenes Obst und Gemüse (dazu ein Gläschen mit Hummus oder Kräuterquark zum Dippen) oder auch mal Sushi

5. Auslaufsichere Tiffin-Box mit mehreren Etagen, etwa für Reis, Soße und Salat
6. Auslaufsichere Meal-Prep-Boxen mit zwei Fächern aus Glas mit Plastikdeckel – gut geeignet zum Einfrieren und Stapeln im Kühlschrank, für unterwegs, ins Büro oder für längere Fahrten
7. Joghurt mit Müsli im Glas
8. Flasche aus Metall oder Glas für Wasser, Säfte und Co.

Lunchboxen aus
Edelstahl sind perfekt
für das Essen unterwegs.

Zero-Waste-Einkaufen mit Kindern

Die Vorbereitung ist beim Einkaufen schon die halbe Miete. Dies gilt nicht nur generell, wenn man mit Kindern einkaufen geht, sondern im Besonderen, wenn man möglichst minimalistisch oder nach dem Zero-Waste-Prinzip einkaufen möchte. Denn ohne Einkaufsliste kauft man leicht zu viel oder das Falsche. Außerdem kann man nicht planen, welche wiederverwendbaren Behälter man zum Einkauf mitnehmen muss, und kauft dann doch wieder alles in Einwegverpackungen. Damit holt man bei jedem Einkauf neuen Müll ins Haus.

Der erste Schritt: eine gute Planung

Dabei ist minimalistisches Einkaufen so einfach. Wie bei vielen neuen Gewohnheiten braucht es jedoch zunächst eine Übergangszeit, bis man seine Routine entwickelt hat. Sobald diese jedoch ohne weiter darüber nachzudenken läuft, ist Zero-Waste-Einkaufen genauso leicht zu bewältigen wie früher der Einkauf von verpackten Lebensmitteln. Der erste Schritt besteht darin, zu planen, was man eigentlich braucht. Eine verbindliche Einkaufsliste hält uns nicht nur von unnötigen Spontankäufen ab, die später unbenutzt im Regal oder im Kühlschrank herumstehen. Sie hilft auch dabei, sich zu organisieren, wo man was erhält und welches Behältnis man dafür gegebenenfalls mitnehmen sollte.

Meal-Prepping – perfekt organisiert

Besonders effizient ist die sogenannte Meal-Prep-Planung. Der Trend kommt aus den USA und fand seinen Weg über Blogs und YouTube in die heimische Kochszene. Das Meal-Prepping beginnt mit der Ausarbeitung eines Essensplans für die gesamte Woche. Daraufhin werden ausschließlich die dafür benötigten Zutaten eingekauft und alle Gerichte an einem Tag zubereitet beziehungsweise vorgekocht. Der Vorteil liegt auf der Hand: Man spart Zeit, weil man nur einmal pro Woche einkaufen geht und alle Gerichte auf einmal zubereitet. In der Konsequenz spart man auch Geld, weil man nur die Mengen kauft und verkocht, die man braucht, sodass keine Lebensmittel übrig bleiben. Meal-Prepping klingt aufwendig, ist aber perfekt für die etwas Fauleren unter uns. Denn mit nur einmal Aufwand hat man leckere und gesunde Hausmannskost für eine Woche im Kühlschrank, die man bei Bedarf nur noch aufwärmen muss. Auch für Kinder ist Meal-Prepping gut geeignet. Wenn wir sie in die Erstellung des Essensplans einbeziehen, können sie mitbestimmen, was auf den Tisch kommt, und lernen gleichzeitig, wie Lebensmittel einkaufen und Essen machen organisiert wird.

Der handgeschriebene »Meal-Prep-Wochenplan« hilft, gezielt einzukaufen.

Was kochen wir heute?	Einkaufsliste
Montag	
Dienstag	
Mittwoch	
Donnerstag	
Freitag	
Samstag	
Sonntag	

Ökologisch und unverpackt

Wenn du weißt, welche Lebensmittel du brauchst, kommt der nächste Schritt: Wo bekomme ich die Lebensmittel möglichst ökologisch und unverpackt her? Nicht in jeder Stadt oder jedem Dorf findest du auf Anhieb entsprechende Läden oder Märkte. Oft lohnt es sich aber, auf Erkundungstour zu gehen. Geh in Läden rein, die sonst nicht zu deinen ersten Anlaufstellen gehören. Der schicke Feinkostladen bietet vielleicht Öle zum Abfüllen an, der kleine Italiener mit der Frischetheke losen Mozzarella und der türkische Supermarkt hat vielleicht eine riesige Auswahl an leckeren, gewürzten Nüssen. Es lohnt sich auch, bei Freunden oder in einschlägigen Online-Gruppen herumzufragen. Es gibt bereits viele Städte-Gruppen auf Facebook, in denen man sich zu den Themen Zero Waste und unverpackt Einkaufen austauschen und Adressen von Geschäften bekommen kann.

Müll überflüssig machen

Wovon verbrauchst du im Alltag am meisten und was verursacht am meisten Einweg- und Plastikmüll? In den meisten Haushalten stehen Obst und Gemüse beim Verpackungsmüll an erster Stelle, gefolgt von den Molkereiprodukten. Vielleicht ernährst du dich aber auch ganz anders und bei dir verursachen andere Lebensmittel viel Verpackungsmüll? Es lohnt sich, den eigenen Müll genauer anzuschauen. Leere den Mülleimer auf einer Plane aus. Schau anschließend mit den Kindern, was den meisten Müll verursacht, und überlegt gemeinsam, wie man den Müll künftig vermeiden kann. Dabei könnt ihr auch über Mülltrennung reden und du kannst den Nachwuchskonsumenten klarmachen, dass Müll keine eklige Angelegenheit sein muss, sondern ein Teil des Mülls wertvolle Rohstoffe liefert, aus denen etwas Neues entstehen kann. Aus altem Papier wird neues Papier, aus den Lebensmittelabfällen wird Kompost, der neue, grüne Energie erzeugt.

Wie kommt man günstig an Obst und Gemüse?

Obst und Gemüse muss nicht aus dem Supermarkt oder vom Wochenmarkt kommen. Es gibt zahlreiche Wege, sich kostengünstig selbst mit frischen Feldfrüchten zu versorgen. Häufig kann man dies sogar mit einem Ausflug ins Grüne oder ein wenig Arbeit an der frischen Luft verbinden. Gesünder geht es nicht.

Obst- und Gemüsestände auf dem Land

Manche Gartenbesitzer verkaufen zur Erntezeit Obst, Gemüse, Honig oder Marmelade aus eigener Produktion. Einen Ausflug zu solchen Anbietern kannst du am Wochenende mit einer Fahrradtour an den Stadtrand oder aufs Land verbinden. Auch auf Kleinanzeigenportalen bieten Gartenbesitzer manchmal Obst und Gemüse zum Abholen an.

Selbst pflücken

Bei manchen Obst- und Gemüsebauern kann man Obst oder Gemüse auf dem Feld selbst ernten. Häufig preiswerter als im Einzelhandel ist das Selbstpflücken zudem auch für Kinder eine tolle Erfahrung.

Anbau auf gemieteter Parzelle

In einigen Städten gibt es Initiativen, bei denen man kleine Parzellen eines Ackers selbst oder mit Unterstützung bewirtschaften kann. Jeder kann nach Wunsch Gemüse anbauen, muss es aber auch selbst pflegen.

Ein Garten im Internet

Für alle, die keinen grünen Daumen haben, gibt es den Gemüseanbau per Mausklick. Die gemietete Parzelle wird auf Knopfdruck bewässert und mit der Webcam beobachtet. Die Pflege der Parzelle übernehmen professionelle Landwirte und die Erträge werden einmal wöchentlich nach Hause geschickt.

Gemüsekiste vom Ökohof

Manche Ökohöfe liefern einmal wöchentlich Gemüsekisten direkt nach Hause. Den Inhalt kann man sich selbst zusammenstellen oder thematisch auswählen, zum Beispiel die Mutter-Kind-Kiste, die Beikostkiste, die Rübenkiste usw.

Obst und Gemüse umsonst

Mittlerweile gibt es in vielen Städten Möglichkeiten, Obst und Gemüse kostenfrei zu bekommen. Auf mundraub.org findest du eine Karte mit frei zugänglichen Obstbäumen. Auf Seiten wie foodsharing.de findest du kostenlose Lebensmittelangebote. Vielleicht gibt es in deiner Nähe aber auch einen Fair-Teiler?

Saisonales Obst und Gemüse kaufen geht einfach mit dem Kalender von www.gemuese-der-saison.de.

ERNÄHRUNG

Nachhaltig Einkaufen – so geht's

- → Mehrwegverpackung vor Einwegverpackung
- → Lose (unverpackte) Lebensmittel vor Papierverpackung, Papierverpackung vor Plastikverpackung
- → Regionale und saisonale Produkte vor importierten Produkten

Regional und saisonal einkaufen

Sind Essensplan und Einkaufsliste erstellt, kann der Einkauf losgehen. Wenn du die Kinder zum Einkaufen mitnimmst, kannst du die Gelegenheit nutzen und erklären, warum du dich für oder gegen bestimmte Produkte entscheidest. Tomaten beispielsweise sehen zwar auch im Winter gut aus, schmecken aber wässrig und kommen von sehr weit her. Richtig leckere Tomaten kauft man am besten im Sommer, wenn sie vom Gemüsebauern aus dem Nachbardorf stammen. Du kannst den Kleinen erklären, wo und wann Obst und Gemüse angebaut werden und dass man Lebensmittel am besten regional und saisonal einkaufen sollte. Noch besser ist es natürlich, auf dem Fensterbrett, dem Balkon oder im Garten einige Gemüsesorten selbst anzubauen. Eine Cocktailtomatenpflanze beispielsweise gedeiht auch auf einem sonnigen Balkon. Die Pflege und Ernte der leckeren eigenen Tomaten macht nicht nur Spaß, sondern lehrt die Kleinen auch, wie viel Wasser, Zeit und Geduld ein paar kleine Cocktailtomaten erfordern. So lernen Kinder Lebensmittel mehr zu schätzen.

Unverpackt macht Spaß

Wo immer möglich kannst du beim Einkaufen mit Kindern die Verpackung von Lebensmitteln kritisch beleuchten und erklären, warum du versuchst, verpackte Lebensmittel zu vermeiden. Wasser in Plastikflaschen beispielsweise ist nicht nur weniger gut für die Gesundheit, weil bestimmte Stoffe aus dem Kunststoff im Wasser landen, sondern auch viel teurer als das Wasser zu Hause aus dem Wasserhahn, das in der Regel dieselbe Qualität besitzt.

Besonders aufregend ist es für Kinder, wenn sie sich in einem verpackungsfreien Lebensmittelladen bei losem Reis, Nudeln, Nüssen oder Gewürzen selbst bedienen können. Natürlich dauert der Einkauf länger und vielleicht geht beim Abfüllen auch einiges daneben. Aber wie viel Spaß macht es Kindern, ihr Müsli oder ihre Cerealien, die sie in dem transparenten Behälter in natura sehen können, selbst auszusuchen und danach auch noch die Schaufel zu verwenden oder den Hebel umzulegen, um sich etwas in den mitgebrachten Behälter abzufüllen?

Tipp

Nicht nur Obst und Gemüse können wir vor der Verschwendung retten. Initiativen wie toogoodtogo.de oder www.resq-club.com vermitteln überschüssige Lebensmittel aus der Gastronomie preisgünstig an Endverbraucher.

Zero Waste – ökologisch und preiswert

Zero Waste führt dazu, dass man früher oder später eine schicke, minimalistische Küche hat – mit viel weniger Müll. Aber das ist nicht der einzige Vorteil. Lebensmittel oder Zutaten lose einkaufen spart auch Geld. Denn die rohen Zutaten sind selbst in Bio-Qualität preiswerter als im Bio-Supermarkt. Statt also eine tiefgekühlte Fertigpizza zu kaufen, backt man sich aus Mehl, Tomatensoße und Gemüse seine eigene Pizza, die weniger als die Hälfte kostet. Zero Waste ermöglicht, dass sich mehr Familien Bio-Lebensmittel leisten können.

Selber abfüllen nach dem eigenen Bedarf – nicht nach vorgegebenen Verpackungsgrößen.

Mit Kindern unverpackt einkaufen ist lehrreich und macht den Kleinen Spaß.

KOSME-
TIK

Das Auge isst mit
am gedeckten
Familientisch.

Minimalistisch essen mit Familie: So gelingt der Einstieg

1. Frage dich, welche Werte dir bei der Ernährung wichtig sind und wie du sie umsetzen kannst.

2. Mach dich frei von alten Ernährungsregeln und Kindheitserinnerungen (»Milchschnitte hab ich ja als Kind auch immer gegessen«).

3. Entrümple deine Küchenschränke. Frage dich ehrlich, welches Geschirr du wirklich brauchst und welche Geräte du zur Essenszubereitung auf jeden Fall benötigst.

4. Prüfe kritisch die Lebensmittel in Küchenschrank und Vorratskammer: Welche Fertigprodukte hast du? Wie könntest du auf sie verzichten?

5. Besprich mit deinen älteren Kindern Ernährungsalternativen. Ihr könnt auch ein Spiel daraus machen: Durch welche Nahrungsmittel können wir Fertigprodukte ersetzen, die wir bisher verwendet haben?

6. Überlege gemeinsam mit deinen Kindern, welches Obst und Gemüse wann Saison hat. Ein saisonaler Obst- und Gemüsekalender kann dabei hilfreich sein.

7. Fang an, nach Bedarf einzukaufen. Kaufe nur das, was ihr wirklich (ver-)braucht, und keine Vorteilspackungen, bei denen die Hälfte letztlich im Müll landet.

8. Verabschiede dich von der Vorratslagerung. Kaufe – sofern möglich – lieber mehrmals pro Woche ein.

9. Überlege, welche zeitlichen Ressourcen du aktuell hast, um Mahlzeiten frisch selbst zu kochen oder mit Hilfe von Meal-Prep zuzubereiten.

10. Minimalistische Ernährung bedeutet auch, einfache Speisen mit einfachen Zutaten zuzubereiten. Suche passende Gerichte, die ihr als Familie mögt. Lege ein eigenes Kochbuch für gute Rezepte an.

11. Zeit sparen: Was gut schmeckt und die Familie gern isst, kann auch zeitsparend vorgekocht und anschließend aufbewahrt, eingeweckt oder eingefroren werden. So kannst du mit einzelnen Zutaten bewusst kochen und dich dennoch im Familienalltag auf die Atmosphäre und das Miteinander rund um das Essen konzentrieren.

INTERVIEW

Zero-Waste-Küche für Familien

Caspar Clemens Mierau ist Vater von drei Kindern, mit denen er in Berlin und an den Wochenenden auf dem Land in Brandenburg lebt. Unter der Woche sind Frühstück und warme Schulmahlzeiten sein Aufgabenbereich, am Wochenende meist die gesamte Essensversorgung der fünfköpfigen Familie. Hierfür plant er samstagmorgens mit den Kindern zusammen die Mahlzeiten des Wochenendes und geht anschließend mit ihnen einkaufen. Bilder seiner Familienmahlzeiten zeigt er auf Instagram, wo er auch Inspirationen sammelt und gemeinsam mit seinen Follower*innen über Lebensmittelverwertung diskutiert. In seiner Familienküche ist Caspar Clemens Mierau in den letzten Jahren das Thema Zero Waste zunehmend wichtig geworden.

Welche Rolle spielen die Familienmahlzeiten in eurem Alltag?

Wenn wir zu Hause sind, nehmen wir alle Mahlzeiten gemeinsam als Familie ein. Es sind wichtige Rituale, die Struktur in den manchmal hektischen Alltag bringen. Morgens beginnen wir beim Frühstück gemeinsam den Tag und abends erzählen wir beim Essen alle, was wir erlebt haben – auch die Kinder. So leben wir nicht aneinander vorbei, selbst wenn wir uns an manchen Arbeits- und Schultagen nur wenig sehen.

Du legst trotz des Zero-Waste-Ansatzes viel Wert auf Ästhetik bei den Mahlzeiten. Warum?

Es ist einfach eine Freude, Essen auch optisch zu genießen. Und es drückt sich dadurch ja auch die Wertschätzung für die Lebensmittel aus. Obst und Gemüse haben wundervolle Farben und Formen, die auf einem Holztisch mit schönem Geschirr toll zur Geltung kommen. All das kann man immer wieder variieren und aufs Neue entdecken. Unsere Kinder haben bereits begonnen, ihre eigenen Kreationen zu gestalten und man merkt, wie auch sie dadurch das Essen und die Mahlzeiten wertschätzen.

Worauf achtest du bei der Auswahl von Mahlzeiten für eure Familie?

Ich versuche, jeden Geschmack zu berücksichtigen. Der eine mag Marmelade, der nächste Mozzarella, die dritte Käse usw. Bei fünf Personen muss man das alles im Kopf behalten und zugleich darauf achten, dass man trotz vieler unterschiedlicher Vorlieben nicht ständig Essensreste wegwirft. Ich achte bei der Zubereitung auf die Portionsgrößen und hebe Essensreste so auf, dass man sie später noch weiterverarbeiten kann.

Caspar geht gerne zusammen mit den Kindern einkaufen.

Wenn ihr gemeinsam einkaufen geht, worauf achtest du dabei?

Ich bin eher der Planer und mache mir vorher Gedanken, welches Essen ich zubereiten will. Die Familie kann dabei mit entscheiden. Für diese Rezepte habe ich dann einen Einkaufszettel. Die Kinder schicke ich allein immer wieder mit Aufträgen durch den Supermarkt: »Wir brauchen ein Kilo Äpfel.« »Besorge weiße Bohnen.« So nehmen sie am Einkauf teil und dürfen immer wieder Entscheidungen treffen. Wir reden dann nebenbei darüber, ob etwas zu teuer oder schlecht verpackt ist, und finden dann Alternativen, die günstiger sind oder ohne Plastikverpackung auskommen.

Gibt es Mahlzeiten, bei denen man im Familienalltag besonders gut Reste vermeiden oder Reste sinnvoll verwerten kann?

Besonders beliebt ist bei uns der Selbstmach-Salat. Es gibt verschiedene Zutaten, die einzeln auf den Tisch kommen. Jeder nimmt sich dann, was er oder sie will. Typische Grundzutaten sind Tomaten, Gurke, Kartoffeln und Feta. Die Zutaten können aber beliebig variiert werden: Nudelreste vom Vortag, Mozzarellakugeln vom Frühstück, kurz in der Pfanne geröstete Brötchenreste. Da Selbstmach-Salat eher ein »Un-Rezept« ist, eignet er sich hervorragend, um nahezu alle Essensreste noch einmal auf den Tisch zu bringen. So verschwindet vieles im Magen statt später im Müll – und es schmeckt dabei noch gut, da alle ihre eigene Portion je nach Geschmack zubereiten.

Wie gehst du mit Essensresten um? Und woher bekommst du Inspirationen zur Resteverwertung?

Ich sehe Essensreste als Ressource an. Bevor ich Essen wegwerfe, versuche ich es meist noch am nächsten oder übernächsten Tag in der Küche zu verarbeiten. Wenn ich nicht weiß, was ich mit bestimmten Essensresten machen soll, frage ich auch mal in meinem Instagram-Kanal. Da gibt es immer wieder überraschend gute Tipps, zum Beispiel Pesto aus dem Grünzeug von Radieschen oder eine Brühe aus Gemüseschalen, die man über eine längere Zeit gesammelt und eingefroren hat. Ich mag die sehr freundliche und hilfreiche Stimmung, wenn es um das Thema Zero Waste geht. Es gibt noch vieles, was ich in diesem Bereich besser machen kann, aber jeder kleine Schritt ist eben auch ein Schritt und es freut mich, wenn ich auch andere dazu anstiften kann.

Was sind die wichtigsten Küchenutensilien, um mit Resten gut umzugehen?

Ich stelle immer wieder fest, dass man unterschiedliche verschließbare Behälter braucht. Metalldosen, Gläser, Flaschen, aber auch Bienenwachstücher und Stoffbeutel. Früher habe ich zum Vermeiden von Essensresten sehr viel in Plastiktüten eingefroren. Heute verwende ich dafür Gläser, Papier- und Stoffbeutel.

Bienenwachstücher lassen sich mit Bienenwachs und etwas Öl im Ofen einfach selber machen. Mit kindgerechtem Muster werden so auch Brote für Kita und Schule schön und einfach verpackt.

Zero-Waste-Küche: Ideen zur Resteverwertung

Äpfel
Äpfel mit dem Apfelausstecher vom Kerngehäuse befreien und in Scheiben schneiden. Die Scheiben auf eine Schnur fädeln und für Apfelchips an einem trockenen Ort aufhängen. Schrumpelige Äpfel oder Früchte mit Druckstellen zu Apfelmus einkochen.

Bananen
Überreife Bananen zu Bananenbrot backen oder in anderen Gebäckrezepten als süßen Ei-Ersatz verwenden. In Scheiben geschnitten können überreife Bananen eingefroren und für Nicecream (Rezept siehe S. 135) verwendet werden.

Brotreste
Brotreste, auch trockene, klein schneiden und als Croûtons in einem großen Weckglas aufbewahren. Schmeckt lecker in Salaten und Suppen. Schulbrote in der Pfanne erwärmen.

Gemüsereste
Gemüsereste und -schalen sammeln, ggf. einfrieren und Gemüsebrühe daraus kochen.

Nudelwasser
Nudelwasser für die Nudelsoße verwenden; die Stärke im Kochwasser dickt die Soße an. Mit One-Pot-Pasta-Rezepten lässt sich Nudelwasser ganz vermeiden.

Obstreste
Alle Obstreste oder Obst mit Druckstellen pürieren und entweder gleich als Smoothie genießen oder in Eiswürfelformen oder Eis-am-Stiel-Formen einfrieren.

Pilze
Pilze in Scheiben schneiden, im Backofen oder im Dörrautomaten trocknen und anschließend in einem Einmachglas aufbewahren. Die Trockenpilze sind perfekt zum Aromatisieren von Suppen geeignet.

Zitronenschale
Von ausgepressten Bio-Zitronen die Schale abreiben und einfrieren oder im Dörrautomaten oder Backofen trocknen.

Blog-Tipp
Esther Kern hat 2014 das Zero-Waste-Projekt »Leaf to Root« ins Leben gerufen. Auf www.leaf-to-root.com sammelt sie Rezepte für ungewöhnliche Gemüseteile wie Möhrenkraut und Rettichblätter, darunter auch Rezepte für die Familienküche wie Bananenschalen-kuchen oder Kartoffel-Donut mit Kartoffel-Konfitüre.

Caspars Selbstmach-Salat

Die wichtigste Essenszutat bei Kindern zwischen ein und sechs Jahren ist das »Selbstmach«. Kinder möglichst viel einzubeziehen vermeidet Stress am Esstisch und erleichtert die aktive Teilnahme am Essen. Bei den Selbstmach-Gerichten kommen alle Bestandteile der Mahlzeit einzeln auf den Tisch und jeder nimmt sich, was er mag. Das funktioniert bei Kartoffelsalat, bei klarer Brühe mit Zutaten nach Wahl, bei Nudeln und bei vielen anderen Familienessen. Essensreste lassen sich auf diese Weise perfekt wiederverwerten.

Zutaten

Kartoffeln
Gurke
Tomaten
Schafskäse
Äpfel
Essiggurken
… und alles, was die Familie sonst gern isst
neutrales Speiseöl

Und so geht's

Die Kartoffeln kochen, Gemüse und Obst waschen, putzen und klein schneiden, andere Zutaten nach Wunsch vorbereiten. Alle Zutaten jeweils in einer kleinen Schale auf den Tisch stellen. Jeder am Tisch stellt sich anschließend seinen eigenen Salat nach Wunsch auf einem Teller zusammen und träufelt zum Schluss etwas Öl darüber. Was übrig bleibt, wird in den Schälchen getrennt aufbewahrt und kann später erneut verwendet werden.

Schoko-Nicecream – leckeres Fruchteis ohne Zuckerzusatz

Gekauftes Eis enthält oft viel Zucker. Eine gute Alternative dazu sind selbst gemachte Popsicles, tiefgefrorene Wassermelonenstücke oder fruchtige Nicecream. Dafür braucht es nur einige überreife Bananen, die in Scheiben geschnitten eingefroren und anschließend püriert werden. Mit unterschiedlichen Zutaten lassen sich daraus die verschiedensten Geschmacksrichtungen zaubern, wie zum Beispiel unser Favorit, die Schoko-Nicecream. Als Eis ohne Zuckerzusatz ist Nicecream auch für kleine Kinder geeignet.

Zutaten

2 Bananen, in Scheiben geschnitten und tiefgefroren
4 EL Mandelmilch (alternativ Sojamilch)
1 EL Mandelmus
1 TL ungesüßtes Kakaopulver
1 Prise Zimt (optional)

Und so geht's

Die tiefgefrorenen Bananenscheiben in den Mixer geben. Nacheinander Mandelmilch, Mandelmus und Kakaopulver zugeben und pürieren. Nach Wunsch mit einer Prise Zimt abschmecken.

Pflege

Damit wir uns wohlfühlen, müssen nicht nur die äußeren Rahmenbedingungen stimmen. Unsere Psyche und unser Körper sind ebenso beachtenswert wie unsere Umgebung. Körperpflege, Ruhe und Bewegung bestimmen unser Wohlbefinden mit. Bei uns Erwachsenen ebenso wie bei unseren Kindern.

Drei Säulen des Wohlbefindens

Einfache Körperpflege

Neben dem Aufräumen des Kleiderschranks kann auch das Ausmisten im Bad ein guter Einstieg in einen minimalistischen Lebensstil sein. Einmal im Badezimmer wirklich achtsam die Regale ausräumen, all die Kosmetik- und Pflegeprodukte in den Blick nehmen, die man im Laufe der Zeit angehäuft hat, und sich von Überflüssigem trennen. Denn zur Pflege unseres Körpers brauchen wir eigentlich viel weniger, als wir oft denken. Das gilt ganz besonders für unsere Kinder. Minimalistische Körperpflege für die Familie nimmt das Wie viel, aber auch das Was in den Blick: Wie viel Pflege braucht der Körper und was braucht er wirklich? Was unsere Haut berührt, wird ein Teil von uns. Deswegen sollten wir auf die Inhaltsstoffe unserer Körperpflegeprodukte achten, besonders bei Produkten für die empfindsamen Kinderkörper. Naturprodukte sind eine gute Wahl, aber wir können sehr viele Pflegemittel auch ganz einfach selbst machen. So können wir Kosten sparen, der Alltag vereinfacht sich und wir können selbst bestimmen, was unsere Haut berührt.

Ruhe

»Iss, wenn das Baby isst. Schlafe, wenn das Baby schläft. Bügle, wenn das Baby bügelt …« Dieser Spruch wird oft belächelt, doch hat er einen ganz wichtigen Kern: Eltern brauchen Ruhe. Wenn wir Eltern werden, müssen wir unsere Prioritäten verlagern. Wir müssen jeden Tag viele Aufgaben erledigen und versuchen, Haushalt, Job, Familie, Partnerschaft, Hobbys und Freunde unter einen Hut zu bekommen. Manchmal vergessen wir in diesem Durcheinander ganz die Selbstfürsorge und Momente der Ruhe für uns. Gerade dies ist aber besonders wichtig, denn Stress ist für das Familienleben eine große Belastung. Eine Studie des Deutschen Instituts für Wirtschaftsforschung belegt: Innerhalb der ersten sieben Jahre nach der Geburt eines Kindes verschlechtert sich das mentale Wohlbefinden von einem Drittel der Mütter. Es zeigen sich mentaler Stress, stressbedingter und sozialer Rückzug, depressive Verstimmungen und Angstgefühle. Als Mütter und Väter brauchen wir Entspannung, müssen uns um unsere innere Balance kümmern und ganz bewusst Ruhepausen einlegen. Das muss nicht unbedingt ein Wellnesstag sein, sondern es können die kleinen, einfachen Dinge des Alltags sein: ein Mittagsschlaf, abends mit dem Kind schlafen gehen und nicht noch die Wohnung aufräumen, entspannte Nachmittage in der Woche einplanen ohne Ballett-Fußball-Kinderturnen-Freizeitstress. Achtsamkeit und Selbstfürsorge sind vor allem für Eltern wichtig.

Bewegung

Als Eltern sind wir viel in Bewegung – gerade dann, wenn die Kinder noch klein sind: Wir tragen und schuckeln Babys, Kleinkindern rennen wir hinterher und mit Vorschulkindern üben wir Radfahren und gehen spazieren. Bewegung ist wichtig für unseren Körper, und die Bewegung, die ein Kind ins Leben bringt, kann ein guter Ausgleich sein für das früher eher bewegungsarme Leben am Schreibtisch. Es ist gut, wenn wir diese Anregung annehmen und in den Alltag einbauen. Zusätzlich können wir auch ganz bewusst etwas für unsere körperliche Gesundheit tun. Rückbildungs- und Beckenbodenkurse können Mütter nach der Geburt unterstützen, um ihren Körper wieder in die gewohnte Struktur zu bringen und zu kräftigen, aber auch zu Hause sollten wir darauf achten. Auch Laufgruppen mit Kinderwagen oder Tragetuchtanzkurse können Mütter – oder Väter – in Bewegung bringen.

Körperpflege ist Zeit
für sich, die Wohlbefinden
schenken kann.

Körperpflege für Eltern

Wenn wir einen ehrlichen Blick in unser Bad werfen, wird wohl den meisten Menschen klar: Hier steht mehr herum, als ich wirklich brauche. Die Bandbreite der Pflege- und Reinigungsmittel für Frauen, Männer und Kinder ist riesig: vom Duschgel über Bartöl bis zu Brustreinigungstüchern für stillende Mütter und dem ersten Parfüm für Babys, damit sie auch wirklich nach »Baby« duften. Nicht nur die Anzahl der Pflegeprodukte ist bedenklich, sondern auch die Inhaltsstoffe: Konservierungsmittel und andere Chemikalien gelangen über die Haut in unseren Körper. Mikroplastik verunreinigt das Wasser und wird von kleinen Kindern, die an der Haut saugen, mit aufgenommen. Mittlerweile wurde Mikroplastik sogar im Stuhl von Menschen gefunden, weil wir über Nahrungsmittel und Pflegeprodukte damit überschwemmt werden. Pflegeprodukte mit schädlichen Inhaltsstoffen zu verwenden, ist aber gar nicht notwendig, da wir für die Familienpflege eigentlich nur wenige Produkte wirklich benötigen, wir sehr viel selbst machen können und es auch zahlreiche Pflegemittel ohne Verpackung gibt.

Problematische Inhaltsstoffe in Pflegeprodukten

Mikroplastik

In Duschgels, Shampoos, Seifen, Cremes, Peelings und Lotions ist oft Mikroplastik enthalten, ob als Pulver, Granulat oder auch in flüssiger Form. Die kleinen Teilchen kommen als Hilfsmittel zum Einsatz: In Peelings wird Mikroplastik beispielsweise als Schleifmittel (anstelle von Sand) eingesetzt und in Shampoos, um das Ziepen zu verhindern. Man findet Mikroplastik in der Liste der Inhaltsstoffe unter folgenden Namen: Polyethylen (PE), Polypropylen (PP), Polyethylenterephthalat (PET), Nylon 12, Nylon 6, Polyurethan (PUR), Acrylates Copolymer (AC), Acrylates Crosspolymer (ACS), Polyacrylat (PA), Polymethylmethacrylat (PMMA), Polystyren (PS), Polyquaternium (PQ).

Konservierungsmittel

Parabene werden oft verwendet, um die Produkte vor Keimen zu schützen und sie haltbar zu machen. Die Stoffe werden über die Haut aufgenommen und können in unseren Hormonhaushalt eingreifen. Man erkennt Parabene in der Zutatenliste daran, dass sie auf -paraben enden wie beispielsweise Methylparaben, Propylparaben, Ethylparaben und Butylparaben.

Erdöl

Erdöl in der Kosmetik trägt klangvolle Namen wie zum Beispiel Paraffin. Erdöl ist im Vergleich zu pflegenden pflanzlichen Ölen billig und wird stattdessen verwendet. Dabei pflegen die Paraffine nicht, sondern verstopfen die Poren und trocknen die Haut aus.

Tipp

Ob in Kosmetik Mikroplastik enthalten ist, kannst du mit Apps wie Codecheck (www.codecheck.info/app), ToxFox (www.bund.net/chemie/toxfox) und Beat the Micro Bead (www.beatthemicrobead.org) leicht erkennen.

Auf den Kosmetika-Etiketten findest du erdölhaltige Inhaltsstoffe unter den Bezeichnungen Mineral Oil, Petrolatum, Paraffinum Liquidum, Paraffinum Subliquidum, Vaseline.

Seife

Eine Seife für alles? Was früher Standard war, ist heute fast schon eine Seltenheit. Die klassische Seife ist aber für Familien ein einfacher und schlichter Alleskönner zum Händewaschen, Körperwaschen oder Rasieren. Mit einer einfachen Seife kannst du viele andere Produkte einsparen. Pluspunkt im Familienalltag: Ein Seifenstück lädt abenteuerlustige Kleinkinder weniger dazu ein, zu viel auf einmal zu verwenden, als eine schäumende Flüssigseife.

Deo

Der Alltag mit Kindern bringt uns nicht selten ins Schwitzen. Vor allem im Wochenbett neigen Frauen oft zu starker Schweißabsonderung, und es ist wichtig, sich einfach wohl in der Haut zu fühlen. Minimalistische Naturkosmetikdeos gibt es in verschiedenen Formen: im Glas zum Auftragen mit den Fingern oder flüssig zum Abfüllen in den Deoroller (siehe auch das Rezept auf S. 150).

Shampoos

Babyhaare brauchen zunächst einmal überhaupt kein Shampoo, es genügt, sie einfach im Badewasser etwas anzufeuchten. Prinzipiell können wir uns angewöhnen, die Haare nicht zu häufig zu waschen. Maximal eine Haarwäsche in der Woche reicht für uns Erwachsene völlig aus. Statt Flüssigshampoos in Plastikflaschen kannst du feste Shampooseifen verwenden, die es in verschiedenen Ausführungen für unterschiedliche Haartypen gibt. Eine Alternative ist die NoPoo-Methode: Hier werden die Haare ohne Shampoo (NoPoo = »No Shampoo«) und nur mit natürlichen Hilfsmitteln wie Roggenmehl, Lavaerde oder Natron gereinigt. Andere kämmen lediglich den Talg aus oder waschen ausschließlich mit Wasser.

Rasur

Auch wenn Schambehaarung und Beinhaare gerade wieder im Kommen sind: Es geht nichts über das Gefühl, frisch rasierte Beine aneinanderzureiben. Die Entscheidung, ob und wie du Schambehaarung und Beinhaare rasierst, ist natürlich ganz persönlich dir überlassen. Wir können aber helfen, die Rasur möglichst einfach und müllarm zu gestalten. Tausche Einwegrasierer gegen einen Rasierhobel aus Edelstahl, bei dem du nur die Rasierklinge auswechseln kannst. Je nach Qualität und Häufigkeit der Rasur wechselst du die Klinge alle ein bis drei Monate. Du investierst in Qualität und sparst neben dem Geld für die überteuerten Plastikrasierer und ihre Ersatzklingen Zeit für den ständigen Gang in die Drogerie. Dazu benutzt du statt Rasierschaum zum Sprühen eine Seife (zum Beispiel Rasurseife mit Sheabutter von Savion), die du mit einem Rasierpinsel aufschäumst, oder ein Rasieröl (Rezept siehe S. 142).

DIY

Rasieröl

Zutaten

100 ml Rapsöl oder Sonnenblumenöl
1 EL Aloe-vera-Gel
einige Tropfen ätherisches Öl
(z. B. Lavendelöl)

Und so geht's

Alle Zutaten in einer sauberen Flasche vermischen und vor jeder Anwendung gut schütteln. Das Öl auf die Haut auftragen und wie gewohnt rasieren.

PFLEGE

Frauenhygiene

Man spricht darüber. Nicht mehr mit vorgehaltener Hand, sondern oft mit Stolz. Die Menstruation, wenn auch blutig, gehört zu den natürlichsten Dingen der Welt. Zuverlässig alle 28 bis 31 Tage kommt sie bei den meisten Frauen wieder und bringt nicht nur PMS mit sich, sondern einen sehr komplexen Hormonhaushalt. Zu Beginn der Blutung sind viele Frauen schlapp, da Östradiol und Progesteron niedrig sind. Sobald die Blutung aufhört, steigen die Östradiol-Werte an. Die Energie kommt in den nächsten ein bis zwei Wochen zurück und schwindet erst zum Ende des Zyklus wieder. Bei einigen Frauen kommen dann auch prämenstruelles Syndrom (PMS) und eine depressive Verstimmung dazu. Sich bewusst zu sein, dass unser monatliches Auf und Ab von unserem komplexen Hormonhaushalt verursacht wird, hilft, die Zeit während des Zyklus effektiv zu planen. Darüber hinaus gibt es einige Zero-Waste-Produkte, die dir vielleicht Lust auf deinen nächsten Zyklus machen könnten. Im Gegensatz zu Tampons und Binden, die oft schädliche Chemikalien enthalten, sind sie gesünder für unseren Körper und sparen auch viel Geld. Denn einmal gekauft, können sie über Jahre wiederverwendet werden.

Zero-Waste-Menstruationsprodukte und ein Menstruationskalender helfen, den eigenen Körper und die Periode besser kennenzulernen.

Menstruationstasse

Der Tampon ist klein und rund und im Handumdrehen eingeführt. Ähnlich verhält es sich mit der Menstruationstasse. Man kocht sie kurz ab, faltet sie und führt sie in die Vagina ein. Dort kann sie bis zu zwölf Stunden verweilen. Dann wird sie herausgenommen, geleert und im Handwaschbecken abgespült und kann sofort wieder verwendet werden. Dadurch, dass die Menstruationstasse so lange im Körper bleiben kann, kann man sie meist bequem zu Hause leeren. Die Kosten liegen je nach Modell und Marke bei 15–35 Euro. Wir empfehlen die »Period.«-Menstruationstasse, bei der ein Teil der Gewinne an Einrichtungen in Deutschland gespendet wird, die bedürftigen Frauen helfen, oder den Ruby Cup, dessen Hersteller Mädchen-Projekte in Tansania mit Spenden unterstützt.

Stoffbinden

Stoffbinden gibt es in allen Formen, Farben und vor allem angenehmen Stoffen. Denn gerade im Intimbereich sollten wir nur das Beste an die Haut lassen. Es gibt die Stoffbinden als dünne Slipeinlagen, für Tanga-Trägerinnen, für die starken Tage und für die schwachen Tage. An alle Bedürfnisse ist gedacht. Der Stoff saugt die Blutung auf, und die Binden können anschließend zum Beispiel in einem Wetbag geruchsfrei gesammelt und bei 40 °C oder 60 °C gewaschen werden. Wir empfehlen die Stoffbinden von »Von Ocker und Rot«. Sie werden aus schön gemusterten, weichen Bio-Stoffen und fair von Hand in Dresden hergestellt (siehe auch das Interview ab S. 163).

Periodenschlüpfer

Periodenschlüpfer funktionieren nach einem ähnlichen Prinzip wie Stoffbinden. Der Boden des Slips ist mit mehreren saugfähigen Stoffschichten ausgestattet, die die Blutung aufsaugen. Es gibt die Schlüpfer als Tanga, Brief oder Sport von verschiedenen Herstellern wie zum Beispiel Ooshi. Besonders empfehlenswert sind diese Schlüpfer auch bei leichter Inkontinenz, zum Beispiel nach der Geburt.

Zahnpflege für die ganze Familie

Unsere Zähne geben unserem Gegenüber einen Eindruck von uns und gelten heute oft als besonderes Aushängeschild: Weiß, gepflegt und gesund sollen sie sein. Als Eltern wünschen wir uns das auch für unsere Kinder und wollen sie vor Karies und anderen Erkrankungen im Mundraum schützen. Die Zahnpflege ist deswegen ein tägliches Ritual mit hohem Stellenwert für Eltern und Kind.

Zahnpflege früher

Dass Zähne gepflegt werden, können wir zeitgeschichtlich weit zurückverfolgen. Dass dabei aber eine große Palette an Pflegeprodukten zur Verfügung steht und viel Müll produziert wird, ist noch nicht so lange der Fall. Schon die Ägypter benutzten um 5000 v. Chr. Arakbaumzweige und eine Zahnpasta aus Bims und Essig zur Zahnsäuberung. Teile des »Zahnbürstenbaums« werden auch heute noch in einigen Ländern zum Zähneputzen verwendet, beispielsweise in Marokko unter der Bezeichnung »Miswak«. Die Baumteile haben nicht nur eine reinigende Wirkung, sondern enthalten auch natürliche Fluoride, die den Zahnschmelz härten, sowie auch Kalium und Calcium zur Remineralisierung. Im alten Rom wurden Zähne mit dem Finger oder einem Tuch und Zahnpulver gereinigt. Während in China schon im 10. Jahrhundert Zahnbürsten aus Bambus und Schweineborsten benutzt wurden, kamen sie bei uns wesentlich später an und finden eine wissenschaftliche Erwähnung erst 1749. Um 1800 wurden die ersten Zahnbürsten in Deutschland gefertigt, ab 1935 aus der Kunstfaser Nylon. Die Zahnpasta in verschließbarer Tube gibt es seit 1887.

Zahnpflege geht auch ganz ohne Plastik.

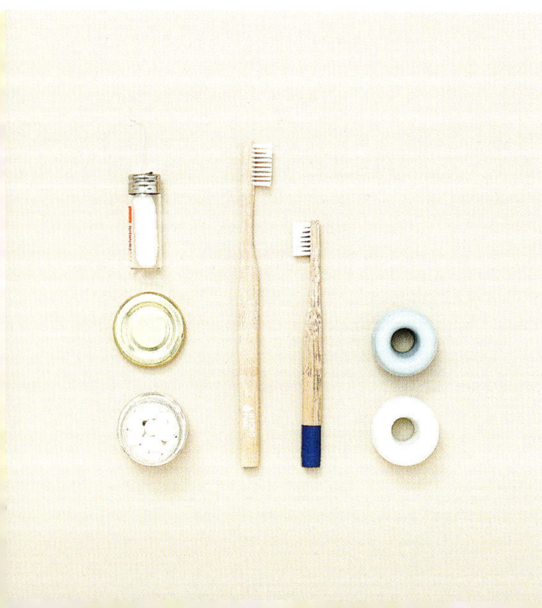

Zahnpflege heute

Zahnbürste, Zahnpulver oder Zahnpasta und Mundwasser sind die Klassiker der Mundhygiene. Drumherum haben sich viele weitere Produkte entwickelt, auch aufgrund veränderter Ernährungsgewohnheiten: mehr Süßes und weichere Speisen – das wirkt sich auch auf Zähne und Zahnfleisch aus. Zahnpflege bedeutet daher nicht nur regelmäßige und richtige Reinigung und Hygiene, sondern betrifft auch unsere Essgewohnheiten – ganz besonders in Bezug auf die Zahnpflege von Kindern. Die Ernährung, die wir unseren Kindern anbieten, hat einen Einfluss auf ihre Zahngesundheit.

Kinderzahnpflege

Für die Zahngesundheit unserer Kinder ist die Nahrungsmittelauswahl wichtig. Was die Kinder zu sich nehmen, sollte nicht zu viel Zucker enthalten und genügend Möglichkeit zum Kauen bieten. Darüber hinaus sollten die Zähne nicht beständig von Flüssigkeit umspült werden. Zum Thema Stillen und Zahngesundheit kursieren noch immer einige Ammenmärchen. Studien haben jedoch ergeben, dass zumindest im ersten Lebensjahr auch das nächtliche Stillen keinen negativen Einfluss auf die Zahngesundheit des Babys hat. Dennoch ist Zahnpflege vom ersten Zahn an wichtig und schon die Kleinsten sollten spielerisch an das Zähneputzen mit einer eigenen Zahnbürste und Zahnpasta herangeführt werden. Nach Möglichkeit sollten wir auch hier umweltverträgliche Produkte verwenden, denn schon für die Kleinsten gibt es Kinderzahnbürsten aus Bambus oder andere nachhaltige Alternativen. Auch Zahnseide zur Reinigung der Zwischenräume ist schon für Kinder geeignet. Darüber hinaus ist es sinnvoll, nach dem Durchbruch des ersten Zahns den ersten Kinderzahnarzttermin wahrzunehmen und auch das Kind später regelmäßig zur Prophylaxe und Vorsorgeuntersuchung gehen zu lassen.

PFLEGE

Verhütung

Mutter Natur hat es sich clever ausgedacht: Eine der schönsten Nebensachen der Welt kann uns das schönste Geschenk machen, das wir uns vorstellen können: Kinder. Trotzdem ist manchmal nicht der richtige Zeitpunkt dafür. Dann machen wir uns Gedanken über Verhütung. Aber welche Methode ist unter minimalistischen Aspekten geeignet? Stillen ist als Schutz vor einer erneuten Schwangerschaft keine sichere Methode, auch wenn die Menstruation bei vielen Frauen erst einmal nicht eintritt, solange sie voll und auch nachts regelmäßig stillen. Hormonelle Verhütungsmethoden haben sich in den vergangenen Jahren als risikobehaftet für die Frauengesundheit herausgestellt. Mit der Symptothermalen Methode (Sensiplan) kann so sicher verhütet werden wie mit der Pille. Hierfür ist eine sehr genaue Beobachtung des Zyklus nach festgelegten Regeln notwendig, um die fruchtbare Phase mit Hilfe der Basaltemperaturmessung sowie der Veränderung von Zervixschleim und Muttermund zu bestimmen. Mittlerweile gibt es auch technische Systeme, die die Körperdaten aufnehmen (beispielsweise mit einem vaginalen Thermometer) und auswerten. Wenn Paare eine natürliche Verhütungsmethode anwenden, bekommen Frauen zugleich einen besseren Kontakt mit ihren körperlichen Abläufen und machen sich mit ihrem Zyklus und seinen Eigenheiten vertraut. Wem die Methoden der natürlichen Familienplanung zu aufwendig sind und wer sich auch vor sexuell übertragbaren Erkrankungen schützen möchte, kann alternativ Kondome verwenden. Mittlerweile gibt es sie auch in veganen und fair produzierten Alternativen.

PORTRÄT

Natural Beauty

Manchmal nimmt das Leben ganz schöne viele Wendungen, und ein Mensch und das, was er oder sie tut, verändern sich extrem. Silke Kamchen ist genau so ein Mensch, der sich immer wieder neu definiert, die eigenen Werte überdenkt und neu ausrichtet. Immer nach dem Gespür für den eigenen inneren Kompass lebend, der ihr sagt, wohin der Weg geht.

Silkes Weg hat schon ziemlich viele Wendungen genommen, obwohl sie gerade einmal 32 Jahre alt ist. Von der Kauffrau für Unternehmenskommunikation bei Daimler über eine Leidenschaft für dekorative Kosmetik und Freelancer-Jobs bei großen Kosmetikmarken hin zum eigenen Beautysalon mit nachhaltiger Kosmetik in Berlin und einer Firma für Stilltücher und Babytextilien. Silke ist nicht nur eine Stehauffrau, sondern auch unermüdlich angetrieben von dem, was ihr Freude bereitet. »Meine eine Großmutter war Schneiderin, die andere Frisörin. Das hab ich wohl mit in die Wiege gelegt bekommen, obwohl ich nichts davon richtig gelernt habe, sondern mich immer eingefuchst habe durch Bücher, Seminare und den Austausch mit anderen. Und ich habe natürlich in meinen Firmen die richtigen Leute eingestellt.«

Reduktion auf Wesentliches schafft Raum für andere Dinge

Heute lebt Silke mit ihrer kleinen Tochter in Berlin in einer minimalistischen WG mit ihrer besten Freundin. Die Wohnung ist auf dem knappen Berliner Wohnungsmarkt ein spontaner Glücksgriff gewesen. Obwohl eigentlich ein wenig zu klein, hat sie die Wohngemeinschaft sofort ins Herz geschlossen. Auf gerade einmal 53 Quadratmetern haben sie alles, was sie für ihr Leben benötigen. »Ich habe einen Schrank von meiner Großmutter und ein neu gekauftes Bett. Meine Tochter schläft auf einem ausklappbaren Bett, das noch aus der DDR stammt, das wir neu gestrichen haben und das nun wunderschön aussieht.« Platz für Überflüssiges ist nicht – was alle sehr genießen. Die Reduktion auf das Wesentliche ist zur Lebensphilosophie geworden. »Das macht Raum für andere Dinge«, erklärt Silke und lacht. Ihre Tochter kennt es auch anders, denn der Vater der Sechsjährigen lebt auf 100 Quadratmetern allein beziehungsweise mit ihrer gemeinsamen Tochter, denn sie haben sich für ein Wechselmodell entschieden, bei dem die Tochter einige Tage der Woche bei der Mutter, einige beim Vater verbringt.

Heute hat Silke zwei Ladengeschäfte mitten im Szenebezirk Berlin-Friedrichshain. Ihr Beautysalon »Püppikram« ist gut besucht. In den letzten Jahren hat sie mehrere Friseur*innen angestellt, die hier Kund*innen verwöhnen. »Wir machen mehr als ›nur‹ Beautybehandlungen. Unsere Kund*innen sind schon oft sehr reflektiert und setzen sich mit Umwelt und Achtsamkeit auseinander. Trotzdem merken wir, dass sie auch viel Stress haben, und wir versuchen, das auszugleichen. Zur Pflege gehören auch Entspannung und Ruhe.«

Weniger ist mehr in der Naturkosmetik

Ihr eigener Weg in Sachen Pflege und Beauty, weg von der klassischen Kosmetik und hin zu Naturkosmetik und dem Gedanken »weniger ist mehr«, war kurvig: Schon mit fünf interessierte sie sich für Kosmetik, die zu ihrer Leidenschaft wurde. Mit 19 arbeitete sie als Make-up Artist für große Firmen. »Ich habe 16-Jährige geschminkt, die als erwachsene Frauen abgebildet wurden, das kam mir irgendwie falsch vor.« Als sie dann begann, sich genauer mit den Inhaltsstoffen der klassi-

Wir sollten mehr daran denken, dass das, was unsere Haut berührt, von ihr aufgenommen wird. Pestizide in der Herstellung von Kosmetik sind wirklich ein Problem.

schen Kosmetik und deren Wirkungen auf die Haut auseinanderzusetzen, war für sie der Zeitpunkt gekommen, aus dem bisherigen Geschäft auszusteigen. Bei Püppikram arbeitete sie zunächst mit Hautpflegeprodukten von Primavera, später kamen nach und nach hochwertige Marken für dekorative Naturkosmetik dazu wie Kjaer Weis und Ellis Faas. Ganz zufrieden ist sie damit noch immer nicht, da ihr zwar die Inhaltsstoffe gefallen, aber noch nicht der Umgang der Firmen mit Verpackungsmüll. Die Hersteller hochwertiger Marken sollten auch hier umdenken und neue, nachhaltigere Schritte gehen, findet Silke: »Umverpackungen sollten direkt zurückgenommen und wiederverwertet oder es sollten Nachfüllsysteme entwickelt werden«.

Silke in ihrem Studio Püppikram in Friedrichshain.

Wahre Schönheit kommt von innen

In Sachen Pflege setzt Silke mittlerweile privat ganz auf die natürlichen Hausmittel: »Ich benutze für mich selbst oft Honig als Pflegeprodukt, beispielsweise für die Hautpflege als Bestandteil eines Peelings oder direkt für empfindsame Hautpartien, aber auch für die Haarpflege. Im Bad unserer WG haben wir ein großes Glas Honig stehen, das wir zusammen nutzen.« Aber auch Masken aus Quark und selten etwas Heilerde gehören zu ihren persönlichen Pflegeprodukten. Wirklich wichtig sei Feuchtigkeit für die Haut, erklärt Silke, aber diese müsse auch gut von der Haut aufgenommen werden können. »Wir sollten mehr daran denken, dass das, was unsere Haut berührt, von ihr aufgenommen wird. Pestizide in der Herstellung von Kosmetik sind wirklich ein Problem, ebenso Mineralöle, die die Aufnahmefähigkeit der Haut behindern.«

Es hat eine Weile gedauert, aber heute geht Silke meist einfach ungeschminkt aus dem Haus. »Ein Freund sagte einmal zu mir, das liege daran, dass ich zu meiner eigenen inneren Schönheit gefunden habe und zufrieden mit mir bin«, erklärt sie. Wenn sie sich aber doch mal schminken möchte, verwendet sie nur einige wenige Basics – obwohl sie eigentlich einen ganzen Laden voller Produkte hat. »Jeder hat so seine Basics, die guttun und wichtig sind. Ich benutze ein Make-up von Ellis Faas, einen Concealer bei Bedarf, Augenbrauenstift, Mascara und für die Kontur unter dem Wangenknochen einen dunklen Concealer und etwas Cremerouge – an den Tagen, an denen es mir guttut, ein wenig anders auszusehen und zu sein.« An den anderen Tagen ist sie für sich und alle anderen einfach Silke.

Milenas Beauty-Basics

Susannes Beauty-Basics

DIY

Deo

Ein funktionierendes Deo, das auf Aluminiumsalze verzichtet und reine Naturkosmetik ist, kannst du ganz einfach und in nur zehn Minuten selber herstellen.

Zutaten

2 TL Maisstärke oder andere Speisestärke
100 ml warmes Wasser
2 TL Natron
ggf. 15 Tropfen ätherisches Öl
sauberer, leerer Deoroller

Und so geht's

Maisstärke und Wasser in einem Topf verrühren und auf dem Herd erhitzen, aber nicht kochen. Vom Herd nehmen, abkühlen lassen und das Natron einrühren. Zum Schluss nach Wunsch ätherisches Öl hinzugeben.

Tipp: Wenn du vorher ein konventionelles Deo verwendet hast, braucht deine Haut bis zu zwei Wochen, um die Giftstoffe aus den Poren auszuschwitzen. Erst dann wirkt das natürliche Deo geruchsneutralisierend.

DIY

Abschminkpads mit Öl

Zum Abschminken brauchen wir eigentlich keine aufwendigen Lotionen und Cremes. Du kannst einfach etwas Kokosöl oder – noch ökologischer, da lokaler – Sonnenblumenöl auf Abschminkpads aus Stoff geben und dich damit abschminken. Die Kosmetikpads kannst du aus alten Handtüchern einfach selbst machen: Schneide zwei gleich große Stoffstücke zu, lege sie bündig aufeinander und nähe sie an den Rändern mit Zickzackstichen zusammen. Die gebrauchten Pads bewahrst du am besten in einem verschließbaren Netzbeutel auf. In dem Netzbeutel werden die Pads in der Waschmaschine gewaschen, damit sie nicht verloren gehen.

DIY

Wellness-Öl

Zutaten

5 EL Sonnenblumenöl
ggf. 1 EL Sesamöl
3 Tropfen ätherisches Öl
(z. B. Lavendel für Entspannung, Sandelholz als Aphrodisiakum für Frauen, Jasmin für gemeinsame Erotik, Rose als Aphrodisiakum)

Und so geht's

Die Öle in eine Tasse geben und verrühren. Wer es warm mag, kann die Tasse ins warme Wasserbad stellen und so das Wellness-Öl vor dem Auftragen erwärmen.

DIY

Erfrischendes Körperpeeling für müde Eltern

Manchmal kommt die Pflege ein wenig zu kurz im Familienalltag. Aber wie schon erwähnt ist sie gerade hier besonders wichtig. Das erfrischende Zitronenpeeling ist nicht nur schnell gemacht, sondern kann in einem verschlossenen Glas im Bad aufbewahrt werden und uns daran erinnern, uns unter der Dusche ein wenig zu pflegen. Das Peeling macht die Haut glatt, erfrischt und regt die Durchblutung an.

Zutaten

2 Bio-Zitronen
200 g grobes Meersalz
6 EL Mandelöl

Und so geht's

Die Zitronen heiß abwaschen und gründlich abtrocknen. Meersalz in eine Schüssel geben, die Zitronenschale direkt hineinreiben und gut mit dem Salz vermengen. Mandelöl hinzugeben und alles zu einem glatten Brei verrühren. Einmal pro Woche unter der Dusche benutzen und den gesamten Körper damit pflegen.

DIY

Entspannungsmaske für müde Eltern

Pflege für die Haut kann ganz einfach sein und mit klassischen Hausmitteln hergestellt werden. Wir brauchen kein Superskinfood vom anderen Ende der Welt, um uns und unserer Haut etwas Gutes zu tun. Gerade als Eltern können wir uns einfach mal eine Wohlfühlpackung aus dem Kühlschrank gönnen. Die Gurken-Quark-Maske kühlt angenehm und spendet Feuchtigkeit, kühle Gurkenscheiben auf den Augen wirken abschwellend, die Haut zieht sich zusammen und wird straff.

Zutaten

⅓ Gurke
4 EL Quark

Und so geht's

Die Gurke im Mixer oder in einer Schüssel mit dem Pürierstab zerkleinern. Das Püree durch ein Sieb passieren und den Saft in einer Schüssel auffangen. Den Gurkensaft mit Quark verrühren. Die Paste auf die Haut auftragen und einige Minuten einwirken lassen. Die Augen zusätzlich mit Gurkenscheiben belegen.

DIY

Heilerde und Apfelessig gegen fettige Haut

Wenn Kinder größer werden, ändern sich ihre Interessen und Bedürfnisse. Ältere Kinder sind stärker der Werbung ausgesetzt und auch die Gruppe der Gleichaltrigen nimmt Einfluss. Wir können unsere Kinder nicht davon abhalten, Werbeversprechen auszuprobieren, aber wir können ihnen oft Alternativen anbieten: selbst hergestellte Masken beispielsweise. Die Maske aus Heilerde und Apfelessig etwa hilft bei fettiger Haut. Der Löss bindet Bakterien, Apfelessig zieht die Poren zusammen und bringt den pH-Wert von Teenie- und Erwachsenenhaut ins Gleichgewicht.

Zutaten

2 EL Heilerde
1 TL Apfelessig
warmes Wasser

Und so geht's

Heilerde und Apfelessig in einer Schüssel mischen und mit etwas Wasser verrühren, bis eine breiige Konsistenz entsteht. Die Creme einmal pro Woche auf das Gesicht auftragen, trocknen lassen und mit lauwarmem Wasser abspülen. Für eine noch bessere Wirkung einen Teil Apfelessig mit drei Teilen Wasser mischen, das Gesicht jeden zweiten Tag damit benetzen und nach fünf Minuten abwaschen.

DIY

Orangenmaske gegen Mitesser

Natron ist ein Geheimtipp gegen Mitesser, denn es entfernt überschüssigen Talg, Schmutz und abgestorbene Hautzellen – die Ursache von verstopften Poren. Zudem wirkt es auch noch antiseptisch. Achtung bei sehr empfindlicher Haut: Hier kann Natron zu Rötungen führen. Die Maske mit Orangensaft ist schnell und einfach herzustellen, duftet herrlich erfrischend und hilft gegen unreine Haut in der Teeniezeit, aber auch bei Erwachsenen.

Zutaten

2 EL Natron
6 TL frisch gepresster Orangensaft

Und so geht's

Natron und Orangensaft in einer Schüssel zu einer cremigen Paste verrühren und auf das Gesicht auftragen, die Augenpartie aussparen. Nach dem Antrocknen mit warmem Wasser abrubbeln. Anschließend ein paar Tropfen Jojobaöl zur Pflege auf die Haut auftragen.

die kleinen Dinge
den größten Platz
in unserem
Herzen
ein.

Nachhaltige Baby- und Kleinkindpflege

Auch wenn uns in Drogerien die Regale mit Kinderpflegeprodukten, in denen von Windeln über Feuchttücher, Öle, Bodylotions und Kindershampoos alles zu finden ist, ein anderes Bild vermitteln wollen – für die Pflege von Babys und Kleinkindern braucht man nicht besonders viel. Selbst die so oft zitierten Windelberge sind vermeidbar. Und viele Eltern lassen ihre Kinder sogar windelfrei aufwachsen.

Stoffwindeln

Wenn man an Babys denkt, denkt man oft zunächst an Windeln. Viele Familien nutzen Windeln, und selbst diejenigen, die »windelfrei« oder »Elimination Communication« (»Ausscheidungskommunikation«) praktizieren, nutzen Wegwerfwindeln oder Stoffwindeln als Backup-Windeln. Stoffwindeln gibt es heute in vielen verschiedenen Variationen, Formen, Farben und Systemen. Sie unterscheiden sich darüber hinaus in den Anschaffungskosten und beim Waschaufwand.

All-in-one-Windel

Die All-in-one-Windel erinnert in der Handhabung am meisten an die Wegwerfwindel, denn es ist eine Windel mit wasserfestem Außenmaterial, die innen mit einem Saugkern ausgestattet ist. Diese Windel wird nach der Benutzung komplett gewaschen. Das erzeugt ein recht hohes Waschaufkommen, dafür ist die Windel sehr leicht in der Anwendung.

All in two: Snap-in-one-Windel

Während bei den All-in-one-Windeln alle Windelbestandteile eine Einheit bilden, haben Snap-in-one-Windeln separate Saugkerne. Sie sind nicht mit der Windel verbunden, sondern lassen sich ganz einfach mit Hilfe von Druckknöpfen an der Überhose befestigen und wieder herausnehmen. Sind die Saugkerne durchnässt oder verschmutzt, können sie einfach ausgetauscht werden, und die Überhose wird weiter verwendet. So ist die Wäschemenge geringer.

All in two: Pocketwindeln

Pocketwindeln haben eine Tasche, in die der Saugkern eingelegt wird. Wenn der Saugkern nass ist, kann er gewechselt werden. Die Windel kann anschließend, wenn sie nicht stark verschmutzt oder nass ist, noch weiter verwendet werden. Der Saugkern kann ganz individuell an die Bedürfnisse des Babys angepasst werden, beispielsweise gibt es stärkere Saugkerne für nachts.

All-in-three-Windel

All-in-three-Windeln bestehen aus einer Außenwindel, einer Innenwindel zum Einklicken und einer Einlage. Meist muss nur die Einlage, also der Saugkern, gewechselt werden, während die feuchtigkeitsabweisende Innenwindel und die Außenwindel mehrfach genutzt werden können. Dadurch verursacht die All-in-three-Windel von allen Windelsystemen oft die geringste Waschmenge. Sie ist daher besonders für Großfamilien mit viel Wäsche sinnvoll.

So bunt und unterschiedlich können Stoffwindeln sein.

Höschenwindel

Die Höschenwindel ist ganz einfach anzuwenden: Über die verschließbare Windel wird eine wasserdichte Überhose gezogen, die die Feuchtigkeit im Inneren bewahrt. Man benötigt also neben der eigentlichen Windel noch eine Überhose. Überhosen gibt es aus Wolle oder anderen Materialien wie Polyester mit Polyurethan beschichtet. Höschenwindeln verursachen ein recht hohes Waschaufkommen.

Strickbindewindel

Babys sehen in Strickbindewindeln bezaubernd aus. Vorteilhaft ist auch, dass die Strickbindewindeln von der Geburt an bis zum letzten Windeltag benutzt werden können, da sie sich in der Größe und am Windelsteg äußerst variabel anpassen lassen. Allerdings benötigt man zusätzlich noch einen Saugkern und eine Überhose. Strickbindewindeln verursachen daher ein hohes Waschaufkommen und bilden ein ziemlich großes Paket am Körper des Babys. Dafür sind sie recht preiswert in der Anschaffung.

Mullwindeln

Auch heute gibt es noch viele Familien, die ganz klassisch mit Mullwindeln wickeln. Eine preisgünstige Möglichkeit, denn die Mullwindeln sind in der Anschaffung nicht teuer und können gesäubert auch als Lätzchen oder Schnuffeltuch benutzt werden. Manche färben die ausgedienten Mullwindeln nach der Windelzeit einfach bunt ein und verwenden sie als Halstücher. Wie bei den Strick- und Höschenwindeln benötigt man auch hier noch eine Überhose.

Windelfrei

Babys möchten – wie alle anderen Menschen auch – nicht in ihren eigenen Ausscheidungen liegen oder sitzen. Auch dann nicht, wenn Windeln diese Ausscheidungen aufsaugen oder den Geruch überdecken. Es hat mit Wertschätzung ge-

Tipp

*In Läden, die auf Stoffwindeln spezialisiert sind, kannst du dich beraten lassen. Alternativ kannst du aber auch eine*n Stoffwindelberater*in für eine individuelle Beratung engagieren. Eine ausführliche Beratung lohnt sich auf jeden Fall vor der Anschaffung.*

genüber dem anderen Menschen zu tun, ihn nicht hilflos in seinen Ausscheidungen liegen zu lassen – das gilt für ältere Menschen wie für Kinder. Wenn wir das Baby abhalten oder häufig die Windel wechseln, zeigen wir ihm damit: Ich achte dich und deinen Körper, ich nehme dich ernst.

Babys zeigen durch bestimmte Signale, wann sie ausscheiden müssen (»Elimination Communication«). Das Wissen darüber ist in unserer Gesellschaft jedoch teilweise verloren gegangen. In anderen Kulturen wie beispielsweise in Indien oder in China werden Babys ganz selbstverständlich »abgehalten«: Wenn die Kleinen ein Signal von sich geben, werden sie über einen Topf oder einfach in die Natur gehalten, damit sie ausscheiden können. Je nach Alter, Gewicht und Größe kann das Kind unterschiedlich gehalten werden. Viele Eltern, die diese Form der Babypflege praktizieren, nutzen dennoch Stoffwindeln zur Sicherheit. Aber durch das Abhalten sind sowohl die Kosten für das Material als auch das Waschaufkommen gering. Zudem achten die Eltern hier besonders stark auf die Signale und Äußerungen des Kindes. Diese »Elimination Communication« stärkt auch allgemein die Kommunikation zwischen Eltern und Kind.

Mullwindel zusammenlegen – so geht's.

Tipp

Für die Pflege von kleinen Kindern brauchen wir eigentlich auch kein spezielles Zubehör oder besondere Möbel. Ein Baby und sogar ein Kleinkind kann bequem in einem großen Waschbecken gebadet werden oder gemeinsam mit einem Elternteil in der Wanne baden. Damit das Kind nicht vom Wickeltisch fällt, kannst du das Baby auf dem Boden oder im Bett wickeln. Größere Kinder stehen ohnehin meist lieber beim Wickeln. Ein Hocker im Bad empfiehlt sich, sobald die Kinder daraufklettern können. So können sie dann selbstständig am Waschbecken Hände und anderes waschen.

Über dem Asiatöpfchen werden die Babys zum Ausscheiden abgehalten.

Richtige Körperpflege

Im Mutterleib und unter der Geburt war der Babykörper von der sogenannten Käseschmiere geschützt. Sie verhindert, dass die Haut sowohl im Mutterleib im Fruchtwasser als auch direkt nach der Geburt austrocknet. Die Babyhaut ist nach der Geburt noch nicht voll entwickelt: Sie ist dünner als unsere Haut und Talg- und Schweißdrüsen sind noch nicht vollständig ausgebildet, wodurch der schützende Fettfilm fehlt. Bei der Pflege des Babykörpers ist daher weniger mehr: Wasser und Waschlappen sind sehr gute Basics, dazu brauchst du lediglich ein gutes Öl, im Sommer ein Sonnenschutzmittel und im Herbst und Winter eine Creme für die Hautstellen, die der kalten Luft ausgesetzt sind.

Wer das Kind mit Muttermilch ernährt, kann die Muttermilch auch für sehr viele Pflegesituationen nutzen. Muttermilch kannst du beispielsweise auf einen wunden Windelbereich auftragen oder ins Badewasser geben. Wir alle kennen die pflegende Wirkung von Milchbädern, und die ergibt sich natürlich auch bei Muttermilch als Badezusatz, denn ihre Inhaltsstoffe sind nicht nur innerlich, sondern auch äußerlich von Vorteil. Wer keine Muttermilch verwendet oder eine Abwechslung braucht, kann zusätzlich zu den Waschlappen ein fettendes Öl aus biologischem Anbau als Pflegeprodukt benutzen: sanftes Mandelöl, aber auch kalt gepresstes Olivenöl oder einfaches Sonnenblumenöl sind eine gute Grundzutat als pflegender Zusatz im Badewasser, zum Einölen nach dem Bad oder auch zur Reinigung des Windelbereichs, besonders zur Entfernung von Stuhlresten. Auch Öle mit Heilpflanzenzusätzen wie Calendulaöl schützen und pflegen die Babyhaut. Mehr Pflegeprodukte braucht das Baby in der ersten Zeit nicht.

Bei Kindern, die im Windelbereich schnell wund werden, kann eine Pflegecreme (Naturkosmetik) sinnvoll sein. Gleichzeitig sollte man aber der Ursache des Wundwerdens nachgehen: Werden die Windeln zu selten gewechselt? Sind sie nicht genügend luftdurchlässig? Badezusätze mit Heilpflanzenauszügen wirken beruhigend und können nach Bedarf verwendet werden. Wenn die Kinder größer werden und draußen in Sand, Wald und Schmutz unterwegs sind, kannst du eine milde Seife zur Reinigung verwenden. Mit größeren Kindern kannst du Badekugeln für die Badewanne selbst machen (siehe S. 161).

DIY

Sprudelnde Badekugeln für kleine Schmutzabenteurer

Im Handel gibt es zahlreiche Badezusätze, Sprudelbäder und Co. für Kinder. Problematisch daran sind manchmal die Inhaltsstoffe, aber auch Verpackungen, die Müll verursachen. Badekugeln kannst du zusammen mit den Kleinen auch einfach selbst machen – mit verschiedenen Düften oder auch mal einer kleinen Überraschung in der Mitte, die sich beim Sprudeln enthüllt.

Zutaten

für 3 große Badekugeln

75 g Kokosfett oder Kakaobutter
100 g Natron
50 g Zitronensäure
2 EL Kartoffelstärke
3 Tropfen Lavendelöl
Überraschungszutaten nach Wunsch (z. B. Blüten, ein Schwämmchen, eine kleine Figur)

Und so geht's

Das Kokosfett im heißen Wasserbad schmelzen. Natron, Zitronensäure und Kartoffelstärke in einer Schüssel vermischen. Ätherisches Öl und Überraschungszutaten zugeben. Das flüssige Kokosfett löffelweise hinzufügen und mit den Zutaten vermengen, bis ein geschmeidiger Teig entstanden ist. Mit den Händen Kugeln formen. Die Badekugeln ein bis zwei Tage aushärten lassen.

DIY

Wind-und-Wetter-Balsam

Zutaten

20 ml Mandelöl
4 g Lanolin
4 g Bienenwachs
4 g Kakaobutter
20 ml Johanniskrautöl
4 g Honig

Und so geht's

Mandelöl in einem Topf unter Rühren erwärmen, aber nicht kochen. Lanolin und Bienenwachs darin auflösen, den Topf vom Herd nehmen. Kakaobutter, Johanniskrautöl und Honig hinzufügen und alles zu einer homogenen Masse verrühren. In einen Tiegel füllen und abkühlen lassen.

DIY

Feuchttücher

Zutaten

altes Bettlaken oder Handtuch
1 TL Kokosöl
200 ml abgekochtes Wasser

Und so geht's

Den Stoff in 10 cm x 10 cm große Stücke zerschneiden. Öl und Wasser in einer Schüssel vermischen. Die Tücher damit tränken und in einem kleinen Glasbehälter oder für unterwegs in einem kleinen Wetbag bis zu zwei Tage aufbewahren. Nach der Verwendung bei 60 °C waschen.

INTERVIEW

Stoffwindeln – gut fürs Baby und gut für die Umwelt

Stephanie Oppitz ist eine Macherin. Sie führt eine Näherei in Dresden, die aus Bio-Stoffen nach einem eigenen System Stoffwindeln näht. Weil ihr Stoffwindeln nicht genug waren, kam die Marke »Von Ocker und Rot« dazu, unter der sie Stoffbinden herstellt. Beide Marken stechen durch ein besonders schönes Design hervor. Wie Stoffwindeln funktionieren und warum sie nachhaltiger sind, erklärt sie uns hier.

Wer bist du und warum hast du dich als Architektin des Themas Stoffwindeln angenommen?

Während meiner Promotion kamen unsere drei Kinder relativ zügig nacheinander zur Welt und mein Mann und ich verbrachten viel Zeit mit dem Wickeln unseres Nachwuchses. Als Familie versorgen wir uns so nachhaltig wie möglich. In unserem Kleingarten bauen wir viel Obst und Gemüse an, Lebensmittel kaufen wir seit vielen Jahren ausschließlich in Bioqualität. Für uns gehört zum einem nachhaltigen Lebensstil auch, viel selbst zu machen und unseren Alltag möglichst plastikfrei zu gestalten. Mit den Windeln von drei Kindern wurde uns eines Tages klar, welchen ökologischen Wahnsinn wir mit den Wegwerfwindeln so vollkommen unreflektiert für uns als Familie angenommen hatten. Ich bin direkt am nächsten Tag los und habe Mulltücher und Bindewindeln besorgt, um unsere Kinder mit Stoffwindeln zu wickeln. Das funktionierte fabelhaft, aber leider musste ich mir eingestehen, dass ich irre viel Zeit mit Waschen verbrachte – ökologischer waren diese Windeln also auch nicht. Mein Mann muss wohl eine Vision gehabt haben, als er meinte: »Weißt du was, dann denken wir uns eben etwas Besseres aus.«

Warum hast du eine modulare Windel entwickelt?

Das Besondere an einer dreiteiligen Windel ist, dass die Saugschicht, die wasserdichte Schicht und die tragende Schicht voneinander getrennt sind. Durch diese Aufteilung habe ich nicht nur die größten Gestaltungsmöglichkeiten, sondern dieses Windelsystem macht insgesamt viel weniger Wäsche und man kann für jede Funktion das perfekte Material einsetzen. Mit dieser einfach zu handhabenden und dennoch ausgeklügelten Konstruktion hat man im Vergleich mit anderen Windeln

→ gestalterisch die größten Freiheiten,
→ die Möglichkeit, die perfekten Materialien an jeder Stelle einzusetzen,
→ nur ein geringes Stoffvolumen am Kind und
→ nur eine minimale Wäschemenge.

Stephanie Oppitz, die Frau hinter der Windelmanufaktur sowie »Von Ocker und Rot«.

Wie stehst du zu Einwegwindeln und Feuchttüchern?

Kaum zu glauben, aber das Innenvlies vieler Einwegwindeln ist mit einer dünnen Schicht Pflegelotion beschichtet! Diese Lotion besteht meist aus Vaseline. Vaseline ist ein Produkt aus der Erdölindustrie und damit recht umstritten. Es wird bemängelt, dass die Fettschicht die Haut abdeckt und sie am Atmen hindert. Es ist nämlich so, dass sich in plastikhaltigen Einwegwindeln Wärme und Feuchtigkeit schneller stauen können als in Stoffwindeln. Dadurch wird die noch sehr dünne Babyhaut aufgeweicht und durchlässiger für Reizstoffe. In diesem feuchtwarmen Klima entwickeln sich dann ideale Bedingungen für Keime und Bakterien, die zu Entzündungen führen. Doch damit nicht genug. Durch den Abbau des im Urin enthaltenen Harnstoffs entsteht stark riechendes Ammoniak, das den pH-Wert der Haut erhöht und die aufgequollene Babyhaut zusätzlich angreift. Das führt dann unter Umständen zu Infektionen, bis hin zu einem unangenehmen Windelsoor. Stoffwindeln aus schadstofffreien und atmungsaktiven Stoffen lassen den Windelbereich hingegen »atmen« und die Gefahr für einen wunden Po wird erheblich minimiert.

Das wichtigste für eine gesunde Babyhaut im Windelbereich ist jedoch, dass der Wickelrhythmus stimmt. Indem man das Kind nach jeder Ausscheidung oder wenigstens nach zwei bis drei Stunden wickelt, schont man die Haut am besten. Die marktführenden Hersteller von Einwegwindeln bewerben die Windeln mit dem Satz »bis zu zwölf Stunden Trockenheit«, was unwissenden Eltern suggerieren kann, dass sie die Windel immer bis zu zwölf Stunden am Kind lassen können. Das ist weder aus ethischer noch aus hygienischer Sicht vertretbar. Zum Glück gibt es auch Einwegwindelhersteller, die Windeln mit minimiertem Plastik- und Kleberanteil produzieren. Doch auch hier ist Vorsicht geboten: Wenn auf der Verpackung steht, dass die Windeln »biologisch abbaubar« sind, heißt das noch lange nicht, dass sie »kompostierbar« sind. Das verwechseln viele. Deswegen wird hier auch gerne Greenwashing be-

Auch für das Plantschen gibt es Mehrwegwindeln.

trieben. Denn kompostierbar oder nicht – keine Familie hat eine industrielle Kompostanlage, um die in der Regel insgesamt rund 5.000 Wegwerfwindeln ihres Babys zu kompostieren. Also landen auch diese »Ökowindeln« immer im Restmüll. Ob abbaubar oder kompostierbar … sie bleiben einfach Müll, der in der Restmülltonne landet.

Beim Thema Feuchttücher ist es ähnlich. Sie enthalten Parabene, Tenside, Duftstoffe, Alkohole und viele andere chemische Stoffe, die zum Teil hautreizend sind und allergische Reaktionen hervorrufen können. Zudem sind oft viele Konservierungsstoffe enthalten, die durch das Abwischen von Intimbereich, Gesicht und Händen überall landen. Wenn man sich dann vor Augen führt, dass im Verlauf von rund drei Windeljahren der kindliche Intimbereich im Durchschnitt fast 9.000 Mal gereinigt werden muss, entsteht ein enormer Feuchttüchermüllberg und eine riesige Belastung mit den genannten Chemikalien.

Hinzu kommt, dass diese Feuchttücher bei den meisten Haushalten fälschlicherweise im Klo landen und massive Verstopfungen in der Kanalisation verursachen, was eine enorme Belastung für die kommunalen Haushalte darstellt. Ein mit Wasser getränktes, waschbares Stofftuch ist nicht nur die sinnvollste und gesündeste Alternative, sondern auch bei weitem die kostengünstigste und ökologischste.

Wie sieht es mit den Kosten für eine Erstausstattung aus? Ab wann lohnen sich Stoffwindeln im Vergleich zu Einwegprodukten?

Mein Mann hat das mal für einen Kostenvergleich auf unserer Website ausgerechnet. Wenn eine Familie anstelle von Windeln der Marktführer Stoffwindeln benutzt, spart sie insgesamt fast 2.000 Euro. Berechnet man den Vergleich mit den Preisen für die Eigenmarken von Drogerien, ergibt sich immer noch ein Kostenvorteil für die Stoffwindeln in Höhe von fast 1.000 Euro. Das heißt: Selbst günstigere Wegwerfwindeln sind auf Dauer teurer als Stoffwindeln. Wenn Stoffwindeln bei mehreren Kindern verwendet werden, ist die Ersparnis natürlich noch viel höher. Spätestens zum Ende des ersten Lebensjahrs rentieren sich die Anschaffungskosten für die Stoffwindeln.

Wasserarmut in manchen Ländern können wir nur bekämpfen, indem wir unser Konsumverhalten hinterfragen.

Wie ist die Ökobilanz von Stoffwindeln gerade in Anbetracht der zahlreichen Waschgänge?

Wir lernen von klein auf, dass jeder Tropfen Wasser unendlich wertvoll ist. Während des Zähneputzens das Wasser nicht laufen lassen, duschen statt baden, die Sparspülung auf der Toilette benutzen sind nur einige Gewohnheiten, die wir wohl alle kennen. Nach einem Besuch im Klärwerk wurden mir die Augen geöffnet und ich habe gelernt: In Deutschland müssen wir kein Wasser sparen – und wir sollten es auch nicht. Damit das, was im Klo landet, auch wirklich bis ins Klärwerk gespült wird, braucht man ein gewisses Gefälle und eine gewisse Wassermenge. Die Abwasserkanäle sind auf einen bestimmten Durchfluss hin optimiert. Jetzt ist es aber so, dass wir nicht nur viel weniger Wasser benutzen – in Dresden beispielsweise ein Drittel weniger als noch 1990 –, sondern auch viel mehr feste Sachen heruntergespült werden: dickeres Klopapier, Essensreste, Damenhygieneartikel, Feuchttücher – und das sind noch die »normalen« Sachen … Damit das alles bis ins Klärwerk wandert, müssen die Abwasserwirtschaftsbetriebe täglich mit Frischwasser nachspülen. Wassersparen ergibt also vor diesem Hintergrund keinen Sinn. Und auch finan-

Losgehen kann es direkt nach der Geburt mit dieser Neugeborenen-Windel.

ziell ergibt es keinen Sinn: Durch die kommunale Umlage der Abwasserkosten bezahlt jeder Bürger dieses Frischwasser mit – entweder es geht über den Verbrauch oder den Grundpreis.

Während wir in Deutschland ausreichend Wasser zur Verfügung haben, gibt es natürlich Gegenden auf der Erde, wo quasi jeder Wassertropfen Leben retten kann. Aber leider verschicken wir ja unser Wasser nicht dorthin. Die Maßnahmen, die wir ergreifen können, um den Wassermangel beispielsweise in der Sahara zu lindern, haben nichts mit unseren Wassersparmaßnahmen hier in Deutschland zu tun. Das Einsparen von Wasser aus ökologischen Gründen ergibt also selbst laut Umweltbundesamt keinen Sinn. Vielmehr ist es sinnvoll, den Warmwasserverbrauch und die Wasserverschmutzung zu reduzieren. Die Wasserarmut in manchen Ländern können wir nur bekämpfen, indem wir unser Konsumverhalten hinterfragen – also den Wasserverbrauch durch Produkte, die wir aus diesen Gegenden beziehen, verringern. Dieses »virtuelle Wasser« müssen wir lernen einzusparen.

Welche weiteren Vorteile haben Stoffwindeln neben dem ökologischen Aspekt?

Die von Ärzten empfohlene Beuge-Spreiz-Haltung für eine gesunde Entwicklung der Hüftgelenke wird durch Stoffwindeln unterstützt. Stichwort: »breit wickeln«. Mit Stoffwindeln nehmen Kinder darüber hinaus die Nässe im Intimbereich besser wahr und behalten ihr angeborenes Körpergefühl für ihre Ausscheidungen. So wird aktiv das Trockenwerden unterstützt. Ein nicht unwesentlicher Vorteil von Stoffwindeln ist, dass man Konsistenz und Geruch der Ausscheidungen des Kindes besser wahrnehmen und Krankheiten zum Beispiel viel schneller erkennen kann. Mit Stoffwindeln kann man dem Kind aktiv vorleben, wie wichtig es ist, sich um sich selbst zu kümmern. Viele Kleinkinder lieben es, zu sehen, wie die Windeln gewaschen werden, sich dann eine auszusuchen oder sie in den Schrank zu legen. Sie genießen es, sich gemeinsam mit den Eltern um sich selbst kümmern zu können. Auch der Stress, ständig Windeln nachkaufen zu müssen, fällt vollständig weg – notfalls kann man eine Stoffwindel immer schnell mit der Hand waschen. Deswegen sind Stoffwindeln auch auf Reisen geeignet.

Wie kam es zur Entwicklung der Stoffwindelexperten-Weiterbildung?

Mit meiner Freundin Dr. Than-Thu Phan Tan von schickgewickelt.de habe ich vor vier Jahren die Firma »Stoffwindelexperten« gegründet, um Stoffwindelberater*innen ausbilden zu können. Mehr und mehr kommen auch Firmen und Verbände auf uns zu, um sich von uns schulen zu lassen (zum Beispiel Weleda oder der Berliner Hebammenverband). Sie lernen mich und meine Produkte so direkt kennen. Wir haben schon weit über 600 Stoffwindelberater*innen ausgebildet! Thu und ich haben auch den Anstoß dafür gegeben, der Stoffwindelbranche in Deutschland eine Lobby zu verschaffen.

Wie kam es zur Entwicklung von »Von Ocker und Rot«, deiner Marke für Stoffbinden?

Dass auch Frauen schöne, nachhaltige und wiederverwendbare Hygieneprodukte während ihrer Menstruation, im Wochenbett, bei Ausfluss oder leichter Inkontinenz verwenden wollen, wurde mir erst bewusst, als ich dieses Bedürfnis immer wieder von unseren Kunden zurückgemeldet bekam. Also habe ich schon vor einiger Zeit angefangen, Slipeinlagen und Stoffbinden für Frauen herzustellen. Natürlich nach den gleichen Standards wie meine Stoffwindeln: mit nachhaltigen Materialien, in höchster Qualität und wundervollen Designs. Inhaltlich passt das perfekt, denn mit nachhaltiger textiler Hygiene und gutem Handwerk kennen wir uns super aus. Um auch Frauen und Mädchen außerhalb des »Mütter-Stoffwindel-Kosmos« anzusprechen, habe ich mich dazu entschlossen, eine Schwestermarke zu gründen. Der wunderbare Name »Von Ocker und Rot« weist neben der farblichen Assoziation zum weiblichen Zyklus auf unser Handwerk »made in Germany« hin.

Bekommt man die Binden und Slipeinlagen richtig sauber? Und wenn ja, wie?

Die Slipeinlagen und Stoffbinden können in der Waschmaschine bei 60 °C gewaschen werden. Empfehlenswert ist ein gutes Vollwaschpulver. Dann wird alles hygienisch sauber.

Wie viele Binden braucht man für eine Erstausstattung?

Das ist von Frau zu Frau unterschiedlich. Während einige Frauen nur sechs Stoffbinden oder Slipeinlagen für ihren Zyklus benötigen, verwenden andere 20 und mehr. Die meisten Anwenderinnen fallen irgendwo dazwischen.

Süße Babypopos sind noch süßer, wenn nicht Plastik, sondern Stoff sie umschmiegt.

MINIMALISMUS IN DER FAMILIE

Lifestyle

Minimalismus im täglichen Familienalltag zu leben, heißt, achtsam und im Moment anwesend zu sein und die Zeit bewusst zu erleben. Indem wir unsere Pflichten und Aufgaben reduzieren oder abgeben und unseren Mental Load verringern, gewinnen wir kostbare Zeit für ein aktives Zusammensein mit Familie und Freunden.

Achtsamkeit im Alltag

Achtsam ist der Moment, in dem wir kurz innehalten, das Handy zur Seite legen oder das Buch schließen und wahrnehmen. Wahrnehmen, wo wir sind, mit wem wir sind und wie es uns geht im Hier und Jetzt. Achtsam sein können wir in einer vollen S-Bahn auf dem Weg zur Arbeit mit Blick aus dem Fenster über die Stadt, wenn wir den Kinderwagen durch den Kiez schieben oder abends bei einem Tee mit der Familie auf dem Sofa sitzen. Es ist der Moment, in dem wir uns all dessen bewusst werden und in uns hinein horchen. Wie geht es meinem Körper? Wie geht es meiner Seele, wie meinem Geist?

Heutzutage rasen wir oft. Morgens nach dem Aufstehen erstmal Instagram und Mails checken, dann beeilen wir uns nach dem Aufstehen, kurz frühstücken, den Kaffee im To-go-Becher runterstürzen, in die Kita und zur Arbeit rennen, acht Stunden runterreißen, mal mehr, mal weniger. Vielleicht kann man noch ein Lunchdate mit einer Freundin reinquetschen, dann heim, Abendessen machen, Kinder ins Bett, Netflix. So vergeht Tag um Tag, Monat um Monat, und plötzlich ist ein Jahr um, und wir fragen uns, wo die Zeit geblieben ist und wann die Kinder so groß geworden sind.

Was kann helfen, die Zeit bewusst zu erleben?

Aus der Alltagshetze ausbrechen und Momente schaffen, in denen wir zur Ruhe kommen. Meditieren, Tagebuch schreiben, ein Dankbarkeitstagebuch etwa, oder auch einfach nur wöchentlich oder monatlich das Geschehene reflektieren.

Um im Kopf zur Ruhe zu kommen, muss der Körper anfangen. Dabei helfen können Meditation oder autogenes Training. Vielleicht meinst du, Meditation ist nichts für dich, hast das Gefühl, du kannst nicht stillsitzen und nichts denken. Aber genau das ist Meditation nicht. Meditation kann man in einem Kurs, mithilfe eines Buchs oder am einfachsten per App lernen. Letzteres ist super für Einsteiger. Du lauschst dem Sprecher und folgst den Anweisungen. Das funktioniert sogar bei sehr ungeduldigen Menschen und hilft bei ADHS. Meditation kann nachweislich auch bei Depressionen und einigen körperlichen Beschwerden helfen, die durch Stress verursacht werden. Wir geben so viel Geld aus und investieren so viel Zeit, um unseren Körper einzukleiden, ihn herzurichten, ihn zu formen. Um unseren Geist zu beobachten und zu trainieren, nehmen wir uns jedoch nur selten Zeit. Das aber ist Meditation. Sie trainiert den Geist wie einen Muskel, hilft, mit Stress besser umzugehen und achtsamer den Alltag und schöne Momente wahrzunehmen.

Monatliche Reflexionen

Nimm dir Zeit für monatliche Reflexionen. Trage dazu in deinen digitalen oder analogen Kalender für jeden letzten Sonntag im Monat einen festen Termin ein. Dieser Termin ist nur für dich. Du nimmst dir die Zeit, um den Monat vorbeiziehen zu lassen. Dabei stellst du dir untenstehende Fragen und beantwortest sie schriftlich für dich.

In dem Moment, wenn du reflektierst, erinnerst du dich daran, was alles war, nimmst den letzten Monat bewusst wahr und hast das Gefühl, die Zeit mitgestaltet und nicht nur miterlebt zu haben. Nach einem Jahr kannst du dann auf zwölf solcher Einträge zurückblicken und siehst, was ein ganzes Jahr für dich bereitgehalten hat.

Was lief gut?
Was lief nicht so gut?
Welche Ziele hast du erreicht?
Was hast du gelernt?
Wofür bist du dankbar?
Was waren die schönsten Familienmomente?

(Quelle: Ein guter Plan)

Entspannung mit Kindern

Entspannung können nicht nur wir Erwachsene gebrauchen. Es ist gut, wenn wir auch unseren Kindern von Anfang an den Wert von Ruhepausen und Entspannung näherbringen. Damit können wir schon bei den Kleinsten anfangen mit dem Ritual der Babymassage. Größere Kinder mögen es, wenn Massageeinheiten in kleine Geschichten verpackt sind und beispielsweise auf dem Rücken Pizza gebacken wird oder ein Regenschauer über den Rücken läuft. Im Herbst und Winter, wenn wir nach einem langen Spaziergang nach Hause kommen, kann ein warmes Fußbad für Kinder ein entspannendes Ritual sein. Und wenn sie etwas größer sind, gibt es progressive Muskelentspannung für Kinder, Kinderyoga und Snoezel-Zeiten. Auch außerhalb dieser besonderen Zeiten ist es gut, einfach mal eine Pause zu machen, sich zusammen aufs Sofa zu kuscheln oder in Ruhe ein Buch anzusehen – Erholungsinseln im Alltag, die gar nicht aufwendig sein müssen, sondern eben »nur« Zeiten des aktiven Zusammenseins.

Aktives Zusammensein

Achtsamkeit bedeutet, wirklich im Moment zu sein, anwesend zu sein. Übertragen auf das Familienleben können wir von »aktivem Zusammensein« reden: Wir sind wirklich da in diesem Moment und nicht mit unseren Gedanken noch bei der Arbeit oder schon bei der nächsten Aufgabe. Gerade im Zusammenleben mit Kindern ist es wichtig, wirklich körperlich und geistig anwesend zu sein. Auf diese Weise nehmen wir ihre Bedürfnisse, ihre aktuellen Fähigkeiten und Entwicklungsaufgaben wirklich wahr. Das bedeutet nicht, dass wir rund um die Uhr auf die Kinder fokussiert sein müssten. Aber es muss Phasen geben, in denen wir ganz präsent und anwesend sind. »Quality time«, wie es manchmal auch genannt wird.

Tipp

Sich auf das Zusammensein einzulassen, ist manchmal nicht so einfach. Als Einstieg in das Wirklich-anwesend-Sein kannst du dich zu deinem Kind setzen und es einfach beobachten. Im Anschluss kannst du deine Beobachtung in ein kleines Erinnerungsheft notieren: Was hat dein Kind in den letzten zehn Minuten wirklich gemacht, was hast du beobachtet?

Ein Fußbad nach einem langen Spaziergang – Entspannungsrituale mit Kindern können so einfach sein.

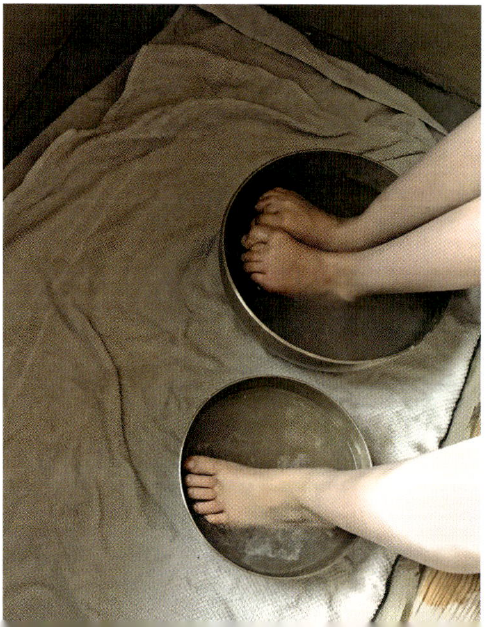

LIFESTYLE

Rituale und Routinen

> *Das Leben mit Kindern ist nicht immer einfach, aber wir dürfen es uns einfach machen.*

Wie wir gesehen haben betrifft Minimalismus nicht nur die Dinge, sondern auch die Einstellung. Und es bedeutet auch, Aufgaben zu reduzieren und nur das zu machen, was sinnvoll ist. Das ist gerade für Familien wichtig und ganz besonders für Frauen, die noch immer die Hauptlast der Familienarbeit tragen. Ihr »Mental Load« ist oft riesig neben all den Sachen, die konkret jeden Tag abgearbeitet werden müssen. Was kann uns aus dieser Problematik heraushelfen? Rituale, Routinen und Aufgabenverteilung.

Rituale im Familienalltag

Gerade im Familienalltag können Rituale eine große Bereicherung sein, um das Leben zu vereinfachen und zu entspannen. Zudem vermitteln Rituale ein Gefühl der Verbundenheit und Sicherheit. Babys lieben Vorhersagbarkeit, und auch in der Kleinkindzeit sind Rituale eine Erleichterung, um den Tag für das Kind und die Familie zu strukturieren. Nicht zuletzt in der »Trotzphase« können wiederkehrende Abläufe eine gewisse Ruhe und Entspannung in den Alltag bringen.

Abendroutinen

Wir alle kennen das: Wenn uns vor dem Schlafengehen etwas beschäftigt und die Gedanken darum kreisen, fällt das Einschlafen schwer. Ein beruhigendes Abendritual ist nicht nur für uns Erwachsene gut, sondern auch für Kinder. Gerade abends ist die Reduzierung auf das Wesentliche sinnvoll. Hier ein paar Tipps für erholsame Abendroutinen.

1

Kein blaues Licht von Monitoren und Co.

Für den Schlaf benötigen wir Melatonin. Die Bildung des Schlafhormons wird aber durch zu viel helles Licht gehemmt. Daher gilt: kein kaltes Licht am Abend, also auch keine Kinder am Tablet oder iPad.

2

Wer schlafen will, muss müde sein

So logisch wie manchmal schwierig. Ein waches Kind zum Schlafen bringen zu wollen, bedeutet Stress auf allen Seiten. An manchen Tagen klappt es einfach nicht mit der Kinderpause ab 21 Uhr – das müssen wir hinnehmen.

3

Ausreichend Bewegung

Um müde zu werden, ist regelmäßige Bewegung gut – für uns Erwachsene, aber auch für Kinder. Besonders am Vormittag sollten wir uns unter freiem Himmel bewegen, damit die Zirbeldrüse angeregt wird, Serotonin zu bilden, das später in Melatonin umgewandelt wird.

4

Kein Betthupferl

Nächtliche Blutzuckerschwankungen können zu einem unregelmäßigen Schlaf führen. Daher abends keine Süßigkeiten mehr! Babys brauchen aber unter anderem aufgrund des Hirnwachstums auch nachts noch (Still-)Mahlzeiten.

5

Sich gut betten

Schlafplätze sollten prinzipiell minimalistisch sein, damit wir zur Ruhe kommen können – das gilt auch für Nicht-Minimalist*innen. Die Augen und alle Sinne dürfen hier ruhen, und gerade für Kinder ist es sinnvoll, keine anregenden Spielzeuge im Bett zu haben.

6

Entspannungsritual

Erwachsene können vor dem Schlafengehen meditieren, um den Geist ruhen zu lassen. Für Kinder kann eine kleine Geschichte eine ebensolche Wirkung haben.

7

Immer wieder gleich und weniger ist mehr

Kinder mögen Vorhersehbarkeit: Gleiche Abläufe zeigen ihnen das Ziel und den nächsten Schritt. Dabei müssen wir keine Gute-Nacht-Show abziehen, sondern können uns auf ganz einfache, ruhige Angebote beschränken: eine Geschichte vorlesen, ein Lied singen, kuscheln.

Morgenroutinen

Wenn Kinder größer werden, müssen wir uns einem Zeitplan anpassen, der von Kindergarten- oder Schulbringzeiten und anderen Terminen vorgegeben wird. Auch dann helfen Routinen, den Alltag zu vereinfachen: Die Abläufe am Morgen sind meist ähnlich, und es kann Kindern helfen, alle Schritte des Tagesbeginns auf ein Poster zu malen. Uns Eltern kann eine vorbereitete Morgenumgebung helfen, um nicht in die Morgenstressfalle zu tappen. Hier folgen einige Ideen für Morgenroutinen.

1

Bereite das Essen für Kindergarten oder Schule am Vorabend zu und bewahre es in der Brotdose im Kühlschrank auf.

Das Kuschelhormon Oxytocin ist auch eine Hilfe, um zur Ruhe zu kommen.

2

Lege die Kleidung für dich und dein Kind schon am Abend bereit.

3

Decke den Frühstückstisch schon am Abend.

4

Mache mit Hilfe von Abhaklisten oder Postern sich wiederholende Abläufe für das Kind sichtbar.

5

Wenn es mal nicht klappt: Bleib entspannt und besinne dich darauf, dass viele Dinge nicht so wichtig sind. Dein Kind kann beispielsweise auch unterwegs erst die Jacke anziehen, wenn es meint, es sei heute zu warm dafür.

Einfach Aufräumen mit Kindern

Minimalismus hat etwas mit Ordnung und mit Aufgeräumtsein zu tun. Auch wenn wir vorsichtig sein müssen, um unsere Ansprüche nicht auf unsere Kinder zu übertragen, können wir Ordnung als Routine und Spiel in den Familienalltag einbinden. Aufräumen kann ein Ritual sein, ein Spiel. Es sollte keine Bestrafung und keine lästige Pflicht sein. Das zeigt sich auch schon in unserer Wortwahl: Sagen wir: »Du musst dein Zimmer noch aufräumen!« oder lieber: »Komm, wir räumen noch die Bausteine weg, damit du morgen wieder durchs Zimmer laufen kannst«?

Aufräumen ganz einfach: Schnur um den Spielteppich zusammenziehen und alles ist im Beutel.

Das Dorf finden

Trotz aller Listen und Rituale beinhaltet unser Familienalltag viele Aufgaben. Oft sind es mehr Aufgaben, als wir allein bewältigen können. Wir brauchen heute in unserer Gesellschaft mehr denn je Unterstützung, da das Leben zwischen Job, Familie, Hobbys, Freundschaften und Kinderbetreuung in räumlicher Distanz komplex geworden ist und die Wege weit sind und Zeit in Anspruch nehmen. Deswegen gehört zum modernen Lifestyle, dass wir unsere Aufgaben nicht nur reduzieren, sondern die nicht reduzierbaren Aufgaben sinnvoll verteilen. Wir brauchen Menschen, die uns Aufgaben abnehmen können.

Idealerweise stammen diese Menschen aus unserem Netzwerk von Familie und Freunden. Wir können aber auch Dienstleistungsangebote in Anspruch nehmen, wenn andere Unterstützung nicht vorhanden ist und die Dienstleistungen finanzierbar sind. An erster Stelle des Aufgaben-Abnehmens steht natürlich die gerechte Aufgabenverteilung zwischen den Eltern, sofern sie zusammenleben.

Hilfe für Alleinerziehende

Aber auch getrennt lebende Eltern sollten darauf achten, dass bei der Verteilung der Aufgaben, die das Kind betreffen, ein Gleichgewicht herrscht. Bei Alleinerziehenden ist nicht nur die Aufgabenlast durch die alltäglichen Dinge herausfordernd, sondern häufig auch der Umstand, für alle Entscheidungen und die gesamte »Erziehung« allein zuständig sein zu müssen. Gerade sie benötigen »das Dorf«, also liebevoll anpackende Hände sowie auch eine emotionale Stütze und Menschen, mit denen sie emotionale Last teilen können. Dies ist eine Aufgabe unserer Gesellschaft, aber auch jeder Einzelne sollte diese Unterstützung von sich aus alleinerziehenden Freunden oder Familienmitgliedern anbieten.

Aufgaben abgeben

Aufgaben reduzieren bedeutet auch Aufgaben abgeben, beispielsweise an den Partner oder die Partnerin oder an Großeltern. Du kannst Freunde fragen, ob ihr euch regelmäßig, vielleicht einmal pro Woche, zum gemeinsamen Kochen trefft. Oder ihr trefft euch nachmittags und eine*r spielt mit den Kindern, eine*r räumt den Rest der Wohnung auf. Macht Sammelbestellungen für Dinge, die ihr einkaufen müsst, aber nicht regional besorgen könnt. Organisiert Einkäufe zusammen mit den Nachbar*innen. Bestellt einmal pro Woche eine Gemüsekiste beim Ökohof, statt selbst auf dem Markt einzukaufen.

Patricia Cammarata gibt Tipps zur Reduzierung von Mental Load.

Verantwortung gerecht teilen: So klappt es

Patricia Cammarata ist Diplom-Psychologin und Mutter von drei Kindern. Sie arbeitet in der Geschäftsentwicklung eines großen Unternehmens. Auf dem Female Future Force Day hat sie über den Mental Load von Müttern gesprochen und damit eine große Diskussion angestoßen. Hier sind ihre Tipps zur Reduzierung von Mental Load.

1

Verschaffe dir gemeinsam mit deinem Partner oder deiner Partnerin einen Überblick. Was muss alles getan werden? Was davon läuft vielleicht schon seit Jahren, ohne dass ihr jemals darüber geredet habt?

2

Schreibe zunächst eine möglichst umfassende Liste. Notiere, was wie oft bis wann erledigt werden muss. Stellt Beziehungen her. Welcher Schritt ist abhängig von einem anderen? Was gehört alles dazu, damit der Punkt wirklich als »erledigt« abgehakt werden kann?

3

Fragt euch: Wer übernimmt was? Sprecht über Verantwortlichkeiten. Können die Kinder altersabhängig miteinbezogen werden?

4

Sprecht darüber, was wirklich wichtig ist. Welche Aufgaben sind nicht ganz so wichtig? Wo können Aufgaben gestrichen werden? Wo gibt es pragmatische(re) Lösungen? Markiert alles, was ihr notfalls weglassen könnt. Das sind Bereiche, in denen ihr euch entlasten könnt.

5

Könnt ihr andere in bestimmte Themen miteinbeziehen? Gibt es ein Netzwerk, auf das ihr zurückgreifen könnt? Vielleicht könnt ihr euch zum Beispiel kita- und schulfreie Tage mit anderen Eltern teilen?

6

Sprecht in regelmäßigen Abständen – etwa einmal im Monat oder alle drei Monate – darüber, wie es geklappt hat, Verantwortung zu teilen. Was lief gut? Was lief schlecht? Was ist besonders anstrengend? Welche Aufgaben würdet ihr gern mal tauschen?

7

Übt das Verantwortung-Abgeben. Wer entlastet sein möchte, muss loslassen können. Lasst eurem Partner oder eurer Partnerin Freiräume für eigene Lösungen. Malt euch nicht alle möglichen Schreckensszenarien aus. Realistisch gesehen wird niemand Schaden nehmen, nur weil eine Aufgabe anders als sonst erledigt wird.

8

Zeigt euch gegenseitig eure Wertschätzung. Zeigt, dass ihr seht, was der oder die andere zum Familienleben beiträgt.

9

Plant nach Möglichkeit einen Tag pro Woche, an dem ihr möglichst wenig macht: keine Verabredungen, nur die nötigsten Hausarbeiten, keine festen Termine. Nehmt euch im Rahmen eurer Möglichkeiten »frei« und atmet durch.

Digital Detox: Digitaler Minimalismus im Familienalltag

Aufgaben reduzieren, Aufgaben abgeben – dazu gibt es mittlerweile auch hilfreiche Apps. Sie helfen beispielsweise dabei, Familienaufgaben mit dem Partner oder der Partnerin zu teilen und gemeinsame Einkaufslisten zu erstellen. Dabei sollten wir jedoch darauf achten, dass wir bei der Gelegenheit, wenn wir das Smartphone nutzen, nicht zu tief in die Onlinewelt abtauchen. Teil des Minimalismus ist auch »Digital Detox«, also sich bei der Smartphonenutzung auf das Wesentliche beschränken. Das bedeutet, nur die Apps zu nutzen, die mir wirklich helfen, und alles andere insbesondere im Familienalltag links liegen zu lassen. Wir müssen das Smartphone nicht verteufeln, weder für Eltern noch für Kinder, aber wir sollten es sinnvoll und als Hilfsmittel nutzen, nicht zur Flucht aus dem manchmal stressigen Alltag.

Wie eine sinnvolle Smartphonenutzung aussehen kann, kommt natürlich auf die jeweilige Familiensituation und auch auf das berufliche Umfeld an. Manche richten sich einen handyfreien Sonntag oder fest begrenzte Erreichbarkeitszeiten ein, andere schalten prinzipiell alle Notifications aus und lassen nur Anrufe zu. Auch die Mailbox kann abgeschaltet werden. Wer dich erreichen will, kann dir auch eine Nachricht mit dem konkreten Anliegen schreiben. Sinnvoll ist es immer, den »Absolute Time Killer« zu finden und zu deaktivieren oder bewusst damit umzugehen. Ist Instagram beispielsweise dein persönlicher Zeitfresser, auf den du nicht verzichten, den du aber minimieren möchtest, kannst du den Handybildschirm auf Schwarz-Weiß stellen und schauen, wie sich das auf deine Nutzungsdauer auswirkt.

Annas Digital-Detox-Tipps

Als Instagrammerin hat Anna viel mit dem Handy und dem Computer zu tun. Ihre Kinder sollen sie aber nicht nur als »die Mutter, die auf ihr Handy starrt« wahrnehmen. Es ist ihr wichtig, trotz ihrer Arbeit in den sozialen Medien das Soziale im Alltag nicht zu vernachlässigen. Dafür hat sie einige Richtlinien.

1

Wenn die Kinder da sind, habe ich das Handy nicht in der Hand. Ich stelle es von 15 bis 19 Uhr in den Nachtmodus. Anrufe meines Mannes kommen jedoch immer an, ebenso Anrufe derselben Person, wenn diese innerhalb von drei Minuten zum zweiten Mal anruft.

2

Wenn ich dennoch das Handy mal in die Hand nehmen muss, sage ich klar: »Ich schreibe Papa, damit er einkaufen geht« oder »Ich gucke nach dem Weg auf einer Karte«, aber ich bin nicht auf Instagram. Ausnahme: Wenn ich am Spielplatz sitze und die Kinder beschäftigt sind, beantworte ich manchmal Nachrichten und E-Mails.

3

Von 21 Uhr abends bis neun Uhr früh nutze ich die neue Funktion »Bildschirmzeit« auf dem iPhone. Sie sperrt alle Apps bis auf meine Musik- und die Meditations-App.

4

Ich poste dreimal die Woche an festen Tagen auf Instagram, damit ich eine Regelmäßigkeit habe, aber kein Druck entsteht. Meine Posts bereite ich vormittags vor, wenn das Baby schläft.

5

Sonntags lege ich mein Handy ganz weg, es sei denn, ich bin verabredet und muss mich absprechen. Diese Regel bringt eine Grundentspannung rein, weil ich die restlichen Tage nicht mehr dran denken muss und sonntags ganz loslassen kann.

Anna und Marcus arbeiten, leben und lieben gemeinsam.

Arbeiten und Familie

»Vereinbarkeit« ist das große Wort unserer Elterngeneration, obwohl das mit der Vereinbarkeit so eine Sache ist. Zu einem ohnehin vollen Alltag zwischen Job, Karriere, Zukunftsplanung, Alterssicherung, Haushalt, Freizeit und Co. kommt nun der riesige Aufgabenbereich »Kind« dazu. In einen ohnehin vollen Terminkalender kann man nicht noch mehr Aufgaben quetschen, sondern muss andere entfernen. »Vereinbarkeit« trifft es daher nicht, wenn wir von Arbeit und Familie sprechen und wie wir das zusammenbringen können.

Arbeit und Familie gedanklich trennen

Aus diesem Problem entwickeln sich gerade neue Arbeitsmodelle: Co-Working-Spaces für Eltern mit Kinderbetreuung, mehr Teilzeitangebote, zeitliche Vorteile, wenn Väter ebenfalls Elternzeit nutzen. Doch ist es noch ein langer Weg, bis wir wirklich von einer guten Vereinbarkeit sprechen können. Umso wichtiger ist es, dass wir Arbeit und Familie gedanklich trennen und uns auf das fokussieren können, was gerade im Vordergrund steht. Je nach Beruf und Arbeitsmodell unterliegen wir anderen Rahmenbedingungen, ob wir uns Zeit und Ort einteilen können oder nicht.

Den Alltag entstressen

Unabhängig vom Arbeitsmodell ist jedoch das persönliche Wohlbefinden wichtig. Wenn wir uns wohl fühlen und den Alltag so gut es geht entstressen, können wir uns auf die Beziehung und ein glückliches Zusammensein fokussieren. Wie kannst du Stress verringern?

→ Finde eine Kinderbetreuung, bei der sich dein Kind wohl fühlt und du es gut behütet weißt (Studien zeigen, dass sich dieses gute Gefühl positiv auf die Arbeitsfähigkeit auswirkt).

→ Gemeinsame Familienzeiten sind wirklich Familienzeiten: Wenn das Einkaufen mit dem Kind stressig ist, gehst du lieber vor dem Abholen des Kindes allein einkaufen, statt genervt zusammen.

→ Nimm dir an besonders stressigen Arbeitstagen vor dem Abholen des Kindes Zeit zum Durchatmen und Runterkommen. Geh kurz einen Kaffee oder Tee trinken und werde ruhig oder nutze eine Entspannungstechnik nach der Arbeit, damit du vor der Kita wirklich im Hier und Jetzt bist.

→ Bedürfnisse können ganz verschieden sein und Kinder ebenso: Manche Kinder (und/oder Eltern) wollen mehr als nur zwölf oder 14 Monate zu Hause bleiben. Andere Eltern wollen das Kind prinzipiell nicht außerhalb der Familie betreuen lassen oder finden keine qualitativ hochwertige Betreuung. Hier braucht es kreative Lösungen, die auch möglich sind: Es gibt viele Familien, die kindergartenfrei leben, und es gibt auch Co-Working-Spaces mit Eltern-Kind-Büros.

Zeit als höchstes Gut

Das Familienleben ist angefüllt mit Aufgaben. Manchmal übersehen wir dabei, dass nicht das Materielle unser höchstes Gut ist, sondern das, was so rar ist, nämlich die Zeit.

Minimalismus trägt die Chance in sich, dir dieses Gut zu schenken: mehr Zeit. Durch einen achtsamen Umgang mit Ressourcen – unseren eigenen und den Ressourcen der Gesellschaft – können wir effizienter mit unserer Zeit umgehen und haben letztlich mehr Zeit zur Verfügung für das, was wirklich wichtig ist: die Beziehungen, die wir leben.

Verzichten, weil es nicht gerecht ist

Kübra Gümüşay kennt man aus dem Fernsehen, aus der Zeitung oder von der Straße, wenn sie zum Beispiel bei einer Demo auf der Bühne spricht und sich zusammen mit 242.000 anderen Menschen unter dem Motto #unteilbar für eine offene und freie Gesellschaft einsetzt. Kübra Gümüşay ist Aktivistin. Aber nicht einfach eine Aktivistin. Sie hat die Hashtags #SchauHin gegen Alltagsrassismus und #ausnahmslos gegen Sexismus und Rassismus sowie zahlreiche Diskussionen rund um diese Themen initiiert. Man könnte meinen, Kübras Tag hätte mehr als 24 Stunden, dabei hat sie einen Sohn und einen Mann und genau denselben Alltagswahnsinn und die gleichen Herausforderungen wie wir alle. Wir haben nachgefragt, wie sie das alles hinbekommt und wie ihr Minimalismus dabei hilft.

Liebe Kübra, was ist dein Beruf?

Mein Beruf ist Autorin und Aktivistin. Ich schreibe und spreche zu sozialen und politischen Themen: Internet, Politik und gesellschaftliches Zusammenleben, über marginalisierte Gruppen und die Macht von Sprache – genau darüber schreibe ich gerade ein Buch.

Wie priorisierst du dabei deine Arbeit als Selbstständige?

Das ist eine der größten Herausforderungen. Man neigt dazu, das zu tun, was drängt und was nach Aufmerksamkeit schreit. Urgency vs. Priority – es ist ein ständiges Abwägen. All die Dinge, die wir von uns aus tun wollen und die nicht von außen aufgedrängt oder eingefordert werden, sind schwierig. Sei es ein Buch zu schreiben oder ein neues Projekt. Alles, was man von sich aus tun wollen würde, das viel Zeit braucht, also ein langfristiges Projekt wäre, kommt zu kurz. Es besteht eine Konkurrenz zwischen Dringlichkeit und Wichtigkeit. Mir hat es geholfen, ein Bullet Journaling zu führen und mir für jede Woche, für jeden Monat und für jedes Jahr Ziele zu setzen, sodass ich die großen Sachen, die ich machen möchte, im Blick habe und jeden Tag drauf hinarbeiten kann. Ich versuche, die Dinge zuerst zu erledigen, die ich machen möchte, und nicht die, die andere mir auftragen. Die Bedürfnisse anderer zu erfüllen, setze ich weiter unten an. Als Selbstständige hat man eine doppelte Rolle inne, man ist Chefin und Angestellte zugleich. Früher war ich eine sklaventreibende Chefin, heute führe ich meine Angestellte gut.

Wie schaffst du es, einen Ausgleich zwischen Familienleben, Arbeit und Aktivismus zu finden?

Mir hilft es, die Arbeit und die gesellschaftlichen Ereignisse ganz bewusst mental abzuschalten. Im Moment zu sein. Denn mein Anspruch ist, voll da zu sein für das Kind. Voll da zu sein von Anfang an war schwierig: Das musste ich trainieren, musste für mich als Mutter lernen, die Arbeit mental abzuschließen und mich einzulassen auf die Zeit danach und mir zu erlauben zu genießen. Nicht mehr mental To-do-Listen durchzugehen, während ich Zeit mit meinem Sohn verbringe. Ich möchte physisch und mental präsent sein.

Wie gestaltest du dann die Arbeit?

Das Problem ist, dass der große Berg an Missständen und Ungerechtigkeiten einen ohnmächtig machen und überfordern kann. Wenn wir unsere Aufmerksamkeit dem Schlechten widmen, dann beten wir das Böse an, schrieb einst Jack Gilbert in einem Gedicht. Ich muss ein gesunder,

Glück ist ein Balanceakt zwischen dem Streben nach einer besseren Zukunft und der Zufriedenheit im Jetzt.

in mir ruhender Mensch sein, um diese Ungerechtigkeiten überhaupt bekämpfen zu können. Mein Kind war insofern befreiend, als es mich ermächtigte, mir Ruhe- beziehungsweise Familienphasen zu nehmen. Entspannt Galerien, Museen zu besuchen, die Stadt zu erkunden. Dinge, die ich mir zuvor kaum gegönnt hatte. Es hat mir Muße und Genuss beigebracht. Ich bin lange noch nicht da, wo ich sein möchte, aber ein großer Faktor ist mein Mann.

Wie meinst du das?

Mein Mann ist begeisterter Vater und ambitioniert im Beruf. Er lebt es mir vor: Er ging mit dem Kleinen raus und hatte einfach Spaß und ich fragte mich: Warum kann ich das nicht? Er hatte nicht die gleiche To-do-Liste wie ich im Kopf. Wir haben ein White Board genommen und alles aufgeschrieben, was in unseren Köpfen vorgeht, und dabei gemerkt, dass unsere mentale Arbeit nicht gerecht aufgeteilt ist. Mein Anteil war sehr viel größer. Dabei geht es nicht darum, alles hälftig aufzuteilen. Sondern gerecht. Wer kann was gut und wer macht was und wie teilt man auf, was beide nicht mögen. Nur fifty-fifty ist ein Korsett, in dem man ersticken kann. Aber wir möchten uns beide verwirklichen und unseren Ansprüchen gerecht werden.

Zum Beispiel hatte ich ständig im Hinterkopf, endlich mal schöne Familienalben anzulegen. Den Anspruch hat er nicht. Klar, ein Fotoalbum ist nicht Pflicht, mir macht es aber Spaß und Freude. Also übernehme ich diese Aufgabe gerne. Doch wenn es um Ideale und Werte wie Nachhaltigkeit, gesunde Ernährung, Kindererziehung etc. geht, diskutieren wir unsere Ansprüche und entscheiden gemeinsam über die Fundamente unseres Familienlebens. Die Mehrarbeit, die durch unsere Ideale entstehen, wuppen wir gemeinsam. Dabei versuchen wir nicht, Idealen hinterherzuhecheln, die man nicht erreichen kann, sondern fragen uns: Welche können wir erreichen, welche sind wie umsetzbar und welche dauern gegebenenfalls länger?

Wie teilt ihr euch die Kinderbetreuung auf?

Wir haben lange umgemodelt, bis wir ein Modell fanden, mit dem wir glücklich sind. Tageweise abwechseln funktionierte bei uns nicht. Da besteht ein zu großer Organisationsaufwand. Was gut funktioniert, sind feste Routinen. Mein Mann ist Wissenschaftler und hat die Möglichkeit, seine

Kübra setzt sich für Feminismus und gegen Rassismus und Hate Speech ein.

Arbeitszeiten flexibel zu gestalten. Er steht sehr früh auf und ist um sieben bei der Arbeit, und ich habe den Kleinen morgens bis zur Kita. Er holt ihn um 15 Uhr von der Kita ab und betreut ihn. Ab 16.30 Uhr ist Familienzeit. Wenn der Kleine schläft, haben wir Paarzeit. Wenn ich ausfalle, wenn ich auf Reisen bin oder er nachmittags einen Termin hat, dann besprechen wir das. Die Routinen helfen, denn es ist Arbeit und ein Stressfaktor, wenn man ständig verhandeln muss. Routinen sind wertvoll, sie laufen automatisiert und sind dadurch eine große Erleichterung.

Achtsam die Zeit mit dem Sohn verbringen, indem man die Arbeit bewusst hinter sich lässt.

Wie findest du Zeit für deinen Aktivismus?

Es ist schwierig, wenn jemand, der sozial engagiert ist, eine*n Partner*in hat, der oder die selbst nicht engagiert ist und kein Verständnis dafür hat. Beispielsweise wenn der*die Partner*in sagt, man würde sich gegen sie oder ihn entscheiden, wenn man abends Texte lesen oder eine Demo organisieren statt gemeinsam Paarzeit haben will. Es kann deshalb sehr viel leichter sein, wenn man eine*n Partner*in hat, der oder die es zu schätzen weiß, dass man engagiert ist, und womöglich gerade für dieses Streben für eine bessere Welt liebt. Uns hilft, dass auch Ali sehr engagiert ist, deshalb weiß er das zu schätzen und versteht und weiß, warum ich mir den Stress antue.

Apropos Stress. Du bist viel unterwegs auf Konferenzen. Wie hilft dir Minimalismus dabei?

Ich bin oft auf der Bühne, da kann es anstrengend sein, zu entscheiden, was man anziehen soll. Daher habe ich ein paar klassische Outfits für solche Anlässe. Ich habe kein Problem damit, oft dasselbe zu tragen. Bevor ich ein Kind hatte, habe ich meine Sachen selbst designt und nähen lassen, auch in mehrfacher Ausführung. Die Sachen konnte ich nach der Geburt nicht mehr tragen, da sie nicht stillfreundlich waren und ich in den ersten zwei Jahren den Kleinen immer mit dabei hatte, weil ich gestillt habe. Manchmal war eine Freundin, eine Cousine oder mein Mann mit und hat meinen Sohn vor Ort betreut, wenn ich auf der Bühne war. Manchmal hatte ich ihn im ersten Jahr im Tragetuch auch mit auf der Bühne. Dann bat ich das Publikum immer, nicht zu klatschen, damit er nicht wach wird.

Kann Minimalismus feministisch sein?

Ja, unbedingt. Minimalismus geht ja auch weiter: Feminismus, Antirassismus, vegan leben, all das bedeutet, freiwillig zu verzichten. Feministische Arbeit zu machen, bedeutet, Menschen darauf aufmerksam zu machen, dass sie auf Privilegien verzichten müssen. Beispiel: Die Vergewaltigung in der Ehe war bis 1997 nicht strafbar. So konnte ein Mann dies zu seinen Gunsten nutzen – oder darauf verzichten. Ähnlich verhält es sich mit sexualisierter Gewalt und Belästigung. Es ist ein Verzicht auf die Macht, gesellschaftlich für das eigene Verhalten nicht zur Verantwortung gezogen zu werden. Du kannst etwa als Mann Gewalt ausüben – heute ist es nicht mehr legal, aber es war lange so – oder darauf verzichten. Ich könnte Fleisch essen oder Fast Fashion tragen, beides ist billig. Oder ich verzichte, weil es nicht gerecht ist. Das ist feministische, antirassistische Arbeit. Freiwilliger Verzicht: nicht weil es einen gesetzlichen Zwang gibt, sondern weil es nicht gerecht ist.

Green Parenting

Den Begriff »Nachhaltigkeit« benutzen wir in vielfacher Hinsicht für Produkte und Dienstleistungen. Fast schon erscheint er als Modebegriff und wird nicht selten zum »Greenwashing« genutzt. Dabei ist der Begriff selbst über die Jahrhunderte hinweg immer wieder in verschiedenen Kulturen zu finden, denn es ist ein Anliegen von uns Menschen, nachhaltig zu leben.

Nachhaltig per Definition

Im Brundtland-Bericht der UN aus dem Jahr 1987 heißt es: »Nachhaltige Entwicklung ist eine Entwicklung, welche die Bedürfnisse der gegenwärtigen Generation befriedigt, ohne die Fähigkeit zukünftiger Generationen zu gefährden, ihre eigenen Bedürfnisse zu befriedigen.« Damit sind wir beim ureigenen Zweck des nachhaltigen Familienlebens angekommen: Wir befriedigen die Bedürfnisse unserer Generation, ohne zukünftige Generationen zu gefährden. Das geht nur durch einen sinn- und maßvollen Umgang mit Ressourcen.

Bedürfnisorientierung muss nachhaltig sein

Gerade auch in der so oft zitierten »bedürfnisorientierten Erziehung« finden wir einen wesentlichen Hinweis darauf, dass Bedürfnisbefriedigung nicht ohne Nachhaltigkeit und sinnvollen Einsatz von Ressourcen geht. Die bekannte Bedürfnispyramide von Abraham Maslow umfasst nicht nur die Grundbedürfnisse nach Schlaf, Nahrung und Sicherheit. Um Lebensqualität zu schaffen, müssen auch die Mentalbedürfnisse, die in den höheren Stufen der Pyramide verortet sind, befriedigt werden. Dies bezieht sich nicht nur auf einzelne Personen. Echte Bedürfnisorientierung fordert, dass alle Menschen gleichermaßen ihre Grundbedürfnisse erfüllen können – nicht nur die Menschen in den Industrieländern. Dieser Forderung können wir nur nachkommen, indem wir gesamtgesellschaftlich umdenken und bedürfnisorientiertes Leben mit »Green Parenting« gleichsetzen. Nicht nur die Bedürfnisse unserer Kinder sind wichtig, sondern die Bedürfnisse aller Kinder. Wir können unser Wohlergehen nicht auf Kosten der Familien in anderen Teilen der Welt gestalten und unsere Probleme externalisieren.

Lebensstil »Grün«

Wenn wir uns entschließen, bedürfnisorientiert zu leben, können wir das nur ernsthaft und ehrlich machen, wenn wir uns auch mit Nachhaltigkeit und Ressourcen(verschwendung) auseinandersetzen. Wir haben in diesem Buch viele Anregungen gesammelt, wie ein solch grüner Familienalltag aussehen kann: angefangen bei der Reduzierung von Pflegemitteln für Körper und Haushalt oder Zero Waste und nachhaltigem Einkaufen bei der Ernährung über sinnvollen Umgang mit Kleidung bis hin zur Mobilität. Es gibt sicher Bereiche, die dir persönlich leichter fallen, und andere, bei denen es schwerer ist. Und es gibt Lebenssituationen, in denen man sich besser oder weniger gut zusätzlich mit diesem Thema auseinandersetzen kann. Wichtig ist einfach, damit zu beginnen und bei dir, bei deiner Familie und durch deinen persönlichen Lebensstil auch bei den Menschen in deinem Umfeld ein Bewusstsein zu schaffen. Jede Familie setzt dabei eigene Schwerpunkte: Manche achten bei der Pflege darauf, manche möchten einen spielzeugfreien Familienalltag, andere verwirklichen den Gedanken in der Selbstversorgung. Ein grüner Lebensstil für die Familie bringt Vielfalt und Freude und sollte kein kompliziertes Dogma sein. Tu, was du kannst und woran ihr Freude habt! Jeder kleine Schritt ist ein Schritt in die richtige Richtung.

Die Bedürfnispyramide von Abraham Maslow

Wir alle haben verschiedene Bedürfnisse.
Um die Bedürfnisse der nächsthöheren Ebene zu befriedigen,
muss zunächst die untere Ebene erfüllt sein.

Weniger ist mehr

Rebecca Lina ist ein Allroundtalent: Als Schauspielerin und Model steht sie vor der Kamera, in einem eigenen Atelier hat sie ihre Elfenkind-Kollektion entworfen und ein Nähbuch für Mutter und Kind geschrieben. Dazu bloggt sie als Mutter von zwei Kindern über ihren Familienalltag. Ihr Alltag, das ist vor allem sehr viel Naturverbundenheit und Natürlichkeit: Sie backt, näht und nutzt Pflanzenheilkunde für die Pflege ihrer Kinder. All das tut sie nach den Prinzipien des Minimalismus. Sie reduziert ihren Alltag auf das Wesentliche und schaut genau hin, was wann und wo eingesetzt werden muss. Weniger ist mehr, das gilt auch bei der Pflege der Kinder, findet Rebecca.

Rebecca, wie bist du zum Minimalismus gekommen?

Ich glaube tatsächlich, ich bin gar nicht dazu gekommen, denn in meinem oder unserem Leben war er schon immer da. Ich bin relativ früh zu Hause ausgezogen und seitdem sicherlich schon zwölfmal umgezogen, vielleicht auch öfter. Für mich war es immer wichtig, wenige, jedoch besonders schöne Dinge zu haben, die mich nicht belasten und mich nun auch schon viele, viele Jahre begleiten. Es fängt bei unseren Möbelstücken an und hört bei unserer Kleidung auf. Minimalismus bedeutet für mich auch Ruhe fürs Auge, klare Formen und warme, sanfte Farben im Einklang mit den Möbelstücken und Dekorationen, die die Energie in unserem Haus unterstützen, sie gut fließen lassen.

Welche Rolle spielt Natürlichkeit in deinem und eurem Leben?

Natürlichkeit ist für uns beziehungsweise für mich im Umgang mit Menschen, Tieren und Pflanzen einer der wichtigsten Bestandteile im täglichen Leben. Und genau das versuche ich unseren Kindern auch vorzuleben. Ich mag kein Plastik auf meiner Haut und ich verpacke auch ungern Lebensmittel in Plastikboxen. Ich mag natürliche Materialien wie Baumwolle und Wolle aus kontrolliert biologischem Anbau, Hanf, Leinen, Glasbehälter etc.

Natürlichkeit leitet mich auch im Umgang mit allem, was uns umgibt. Ein respektvolles Miteinander und ein achtsamer Umgang. Natürlichkeit in der Erziehung beziehungsweise der Beziehung zwischen den Kindern und mir. Natürlichkeit im Umgang mit den Pflanzen, die uns umgeben. Natürlichkeit im Sein.

Natur, Naturheilkunde und Pflanzen spielen eine ganz besondere Rolle in deinem Leben. Wie kam es zu diesem Schwerpunkt?

Ich bin schon immer sehr naturverbunden gewesen, aufgewachsen in einem kleinen Dörfchen in Niedersachsen, an einer Hand meine Großmutter, an der anderen meinen Großvater, beide voller altem Wissen, das sie mir von Anbeginn an weitergegeben haben. Wir sind vor einem Jahr aus Berlin raus aufs Land gezogen. Seither habe ich die Möglichkeit, all die Heilkräuter und das Gemüse, das wir zum Leben brauchen, in unserem Garten anzupflanzen. Das fühlt sich ganz wunderbar an. Ich habe das große Glück, alles ganzheitlich in meiner unmittelbaren Umgebung anzubauen. Und sobald ein Familienmitglied oder Freunde krank werden, kann ich aus dem großen Schatz unseres Gartens schöpfen.

Für mich sind Pflanzen ein ganz wunderbares Geschenk von Mutter Natur, denn sie spenden Kraft, Linderung und Heilung, wenn sie richtig eingesetzt werden. Pflanzen begleiten mittlerweile meinen ganzen Tagesablauf. Morgens wecke ich die Kinder mit dem Duft eines ätherischen Öls, zu jeder Mahlzeit gibt es einen guten Tee, und unser Essen würze ich mit den frischen Kräutern aus dem Garten. Wenn ich das Gefühl habe, es liegt Krankheit in der Luft, stimme ich alle Tagesrituale darauf ab. Vielleicht ist das der Grund dafür, dass unsere Kinder tatsächlich sehr, sehr selten krank sind.

Kinder natürlich mit Pflanzen pflegen und auch bei Erkrankungen damit begleiten, sind Eckpfeiler deines Alltags. Welche Vorteile siehst du in den einfachen Hausmitteln für das Familienleben?

Sie sind einfach! Genau das ist die Antwort! Sobald ein Kind schnupft und hustet, kann jeder den Schrank öffnen, einen Erkältungstee zubereiten, dem Kind Fenchel- oder Thymianhonig geben, Fieber- oder Halswickel machen. All diese einfachen Dinge bringen einen zumindest übers Wochenende, bis ein Arzt hinzugezogen werden kann. Ich würde behaupten, dass Tees aus Minze oder Kamille, aber auch Erkältungs- oder Bauchweh-Mischungen in jedem Schrank zu finden sind. Eine Handvoll Kräuter im Schrank hilft schon, um einfache Hausmittel herzustellen. In meinem Fall geht es weit über beide Hände voll Kräuterschätze hinaus, ich bin aber auch viel mehr in der Materie drin. Ich koche beispielsweise gerne mal eine gute Creme, wenn eines der Kinder einen Ausschlag hat, oder stelle eine individuelle Teemischung her, aber das ist in der Form natürlich gar nicht notwendig. Ich empfehle jedoch, immer Kamille, Minze, Lindenblüten, Hagebutte, Lapacho und Holunderblüten im Schrank zu haben. Damit kommt man schon sehr weit.

Einfache Hausmittel lassen sich gegen Wehwehchen einsetzen.

Wie vermittelst du deinen Kindern die Freude an Pflanzen und ihren Nutzen?

Indem ich sie ihnen einfach vorlebe. Unsere Kinder sind so eins mit der Natur, dass ich es jeden Tag aufs Neue voller Glück beobachte.

Wo sind bei dir die Grenzen des Einsatzes von Pflanzenheilmitteln erreicht?

Ich denke, kleine Wehwehchen wie Husten, Schnupfen, Heiserkeit und erhöhte Temperatur unter 40 °C kann man durchaus erst mal zu Hause mit der Kraft der Pflanzen behandeln. Aber für mich gilt immer: Es ist besser, den Arzt einmal mehr die Lungen und Bronchien abhören zu lassen, als zu lange zu warten und ein Kind mit Lungenentzündung zu Hause zu haben. Ich höre immer ganz stark auf mein Bauchgefühl, und tatsächlich sind unsere Kinder so selten krank, dass wir noch nicht so oft beim Arzt waren. Aber das Wichtigste ist meiner Meinung nach, dass man sich einen Arzt auswählt, der mit der eigenen Lebensweise Hand in Hand geht.

Was ist dein liebstes Rezept oder deine liebste Pflanzenanwendung für Kinder?

Das Goldtröpfchen fürs Herz zur Linderung von Husten (siehe Rezept S. 191).

DIY

Goldtröpfchen fürs Herz

Laéna nennt den Thymian-Balsam liebevoll »Goldtröpfchen fürs Herz«. Genau diese Assoziation finde ich total schön, denn ich gebe meinem Kind ein heilendes Goldtröpfchen aufs Herz und durch die Liebe, die durch meine Hände fließt, und die wohltuende Berührung entspannt sich das kranke Kind, lässt sich fallen und ist umgeben von den sanften Gerüchen der Kräuter, die ihre Wirkung entfalten. Und schon allein durch Mamas Zuwendung ist das Kind ganz schnell auf dem Weg der Besserung.

Zutaten

20 g frischer Thymian
50 ml Johanniskrautöl
50 ml Calendulaöl
8–10 g weiße oder gelbe Bienenwachspastillen
10 g Sheabutter oder Kakaobutter in Bio-Qualität (Kühlregal)
1 braunes Glasgefäß

Und so geht's

Für den Öl Auszug den Backofen auf 60–70 °C vorheizen. Den Thymian waschen, trocken tupfen, fein hacken und zusammen mit dem Öl in ein Weckglas füllen. Mit dem Deckel verschließen und die Mischung etwa zwei Stunden in den warmen Backofen stellen. Das fein duftende Öl durch einen Tee- oder Kaffeefilter gießen, damit keine Pflanzenteile zurückbleiben. Nun die Bienenwachspastillen und die Pflanzenbutter zufügen und mit einem Holzlöffel so lange verrühren, bis sich alles aufgelöst und gut verbunden hat. Zum Schluss den Balsam in ein dunkles Glasgefäß füllen und in den Kühlschrank stellen. Schon nach kurzem Abkühlen kannst du den herrlich cremigen goldenen Balsam verwenden.

Mobilität

Kinder bringen Bewegung in unser Leben.
Sie sind eine gesunde Bereicherung unseres oft
schreibtischlastigen Alltags. Doch nicht nur
für uns Erwachsene ist aktive Bewegung wichtig.
Auch unsere Kinder wollen von Anfang an
aktiv dabei sein.

Unterwegs mit einem Baby

Menschliche Babys sind Traglinge. Schon allein dieses Wort zeigt uns das ursprüngliche Bedürfnis des Kindes an: Babys wollen getragen werden. Sie fühlen sich sicher in der schützenden Nähe einer Bindungsperson und wissen ihre Bedürfnisse in körperlicher Nähe erfüllt. Hier am Körper sind sie gewärmt und ihre Signale können wahrgenommen werden. Der Herzzschlag und die schaukelnden Bewegungen der Person, die das Baby trägt, wirken beruhigend. Am Körper getragen zu werden, erinnert das Baby an die Zeit im Mutterleib. Wir erkennen dieses Bedürfnis des Babys, getragen zu werden, auch daran, dass es beim Hochnehmen automatisch die Beine anzieht und eine Hockstellung einnimmt. Diese Stellung sollte das Baby auch in einer Trage einnehmen. Das Tragen schafft gute Bedingungen für die Hüftreifung des Babys. Die aufrechte Haltung ermöglicht darüber hinaus, dass Bewegungen von der Bandscheibe abgefedert werden, was bei einer ruckeligen Spazierfahrt in Liegeposition im Kinderwagen nicht möglich ist. Häufiges Tragen verringert außerdem die Gefahr eines lagerungsbedingten Schiefkopfes. Und schließlich weinen getragene Babys im Durchschnitt weniger. Es spricht also eigentlich alles dafür, das Baby in einer Trage zu transportieren anstatt im Kinderwagen. Dies ist eine aktive, gesunde Transportform für das Kind. Tragen und Tragetücher gibt es in verschiedenen Ausführungen und auf unterschiedlichem Preisniveau, natürlich auch gebraucht. Die Wahl der richtigen Trage ist von den jeweiligen Umständen und Bedürfnissen der Familie abhängig.

Tragemöglichkeiten

Das Baby zu tragen ist preisgünstig und sinnvoll.
Gönne dir aber eine Trageberatung, damit du langfristig am gewählten Modell Freude hast. Wir stellen dir hier einige Modelle vor.

1

Tragetuch

Tragetücher gibt es in verschiedenen Längen, Farben und Materialien und sie lassen eine Vielzahl von Tragemöglichkeiten zu: vorn Bauch an Bauch, auf dem Rücken, auf der Hüfte. Babys können damit von Anfang an getragen werden. Nach der Tragezeit kann das Tragetuch in eine Hängematte verwandelt werden. Du kannst daraus natürlich auch etwas nähen.

2

Ringsling

Der Sling ist ein Tuch, das mit Hilfe von Ringen gebunden wird. Das Baby kann darin von Anfang an getragen werden. Es gibt eine Vielzahl an Sling-Modellen. Einziger Nachteil: Der Sling wird nur auf einer Schulter getragen und übt so eine einseitige Belastung aus.

3

Mei Tai

Die traditionelle Trage aus Asien besteht aus einem viereckigen Rückenteil und vier Bändern, die die Schulterbänder und den Bauchgurt bilden. Für Familien, die eine einfachere Tuchvariante suchen, weil mehrere Menschen dieselbe Tragehilfe verwenden, ist der Mei Tai eine gute Idee, denn er wird beim Anlegen flexibel angepasst.

4

Half Buckle

Noch einfacher anzulegen ist der Half Buckle. Der Bauchgurt wird mit einer Schnalle geschlossen, die Träger sind aus Tuch und manchmal gepolstert und werden einfach zusammengebunden.

5

Full Buckle

Beim Full Buckle werden alle Verbindungen mit Schnallen geschlossen. Einmal richtig eingestellt, muss man sie beim Anlegen immer nur noch »anziehen«. Der Nachteil: Wenn mehrere Personen eine Trage verwenden, braucht es oft einige Zeit, um alles individuell einzustellen.

Tipp

Damit es in der kühleren Jahreszeit auch für den tragenden Elternteil warm genug ist, gibt es nicht nur spezielle Tragejacken, sondern auch einzelne Trageerweiterungen, die an die eigene Jacke mittels Reißverschluss angefügt werden können.

Alternative: Kinderwagen

Kinderwagen sind bei vielen Eltern ein Statussymbol, denn preislich können manche Modelle leicht mit einem Kleinwagen mithalten. Dabei ist die Erfindung des Kinderwagens noch relativ jung. Erst seit 200 Jahren legt man Babys in ein Gefährt, um sie dann vor sich her zu schieben. Tausende Jahre vorher wurden Babys immerzu getragen. Auf einen Kinderwagen zu verzichten, wäre sehr minimalistisch, und gerade in der Stadt kann man oft ohne ihn auskommen. In folgenden Fällen ist er jedoch sinnvoll:

→ Nach einem Kaiserschnitt oder anderen schwierigen Geburtsvorgängen kann das Tragen des Babys beschwerlich und der Kinderwagen eine wirkliche Erleichterung sein.

→ Nach dem Einkauf. Das Baby vorne in der Trage, auf dem Rücken der Rucksack mit der Wickeltasche und links und rechts zwei Jutebeutel mit den Einkäufen ist doch ein bisschen zu viel. Beim wöchentlichen Einkauf hilft der Kinderwagen allemal.

→ Mit Kinderwagen und Trage geht es leicht ins Café. Das Baby oder Kleinkind kann gut darin sitzen und schlafen, während die Eltern ihren Kaffee genießen. Auch auf dem Spielplatz mit größeren Geschwistern kann ein Kinderwagen ein sicherer Ort sein, um das Baby abzulegen und sich dem größeren Geschwisterkind zu widmen.

→ Nach dem Spielplatz, wenn die Kräfte plötzlich versagen und man nur noch schlafen will, bringt der Kinderwagen das Kind nach Hause.

Checkliste für die Wahl des Kinderwagens

Wenn du dich für einen Kinderwagen entscheidest, geben wir dir ein paar Kriterien an die Hand, um den für dich richtigen zu finden.

Das Design:

Es ist nun mal das Erste, was man sieht: das Design des Kinderwagens. Er sollte den Eltern und niemand anderem gefallen, denn die Eltern müssen ihn regelmäßig sehen.

Materialien und Herstellung:

Als echte Ökos achten wir darauf, dass der Kinderwagen nicht nur frei von Schadstoffen ist, sondern idealerweise aus Bio-Baumwolle oder upgecycelten Materialien. Einige Hersteller produzieren sogar fair in Deutschland (siehe Anhang).

Das Gesamtgewicht:

Musst du den Wagen mehrmals am Tag ein oder mehrere Stockwerke hoch schleppen oder kannst du ihn im Hausflur anschließen? Schaffst du das Gewicht?

Höhenverstellbarer Griff:

Je nach Körpergröße der Eltern sollte der Griff entsprechend einstellbar sein. Gut ist es, wenn der Abstand des Griffs zum Wagen gleich bleibt, egal wie man ihn verstellt. Das geht nur bei den wenigsten Kinderwagen. Wenn du den Kinderwagen im Auto transportieren willst, ist es wichtig, dass man ihn leicht zusammenpacken kann.

Tipp

Babys sind anatomisch nicht für die Rückenlage »geformt«. Sinnvoll ist es deswegen, das Baby so zu lagern, dass die Beine auf einem Kissen oder Mulltuch angewinkelt sind und auch das Köpfchen eine ganz leichte Erhöhung hat. Hierzu kannst du einfach ein Handtuch unterlegen und unter dem Kopf einmal falten, sodass der Kopfteil etwas höher ist.

Drehbarer Sitz:
Wenn das Kind größer ist, sollte man den Sitz einfach um 180 Grad drehen können, damit das Kleine etwas von der Welt sieht – wenn es bereit dazu ist und man selbst auch. Am Anfang sollte die Wanne jedoch Blickkontakt mit den Eltern ermöglichen.

Beweglichkeit:
Eignet sich der Kinderwagen für kurvige und hügelige Straßen? Kann man ihn leicht wenden oder muss man sein gesamtes Körpergewicht aufwenden, um eine kleine 45-Grad-Drehung hinzukriegen?

Testfahren:
Besteht die Möglichkeit, den Wagen im Laden, bei Freunden oder im Rahmen eines speziellen Online-Service zu testen? Wenn ja: die Möglichkeit unbedingt nutzen.

Räder:
Soll es Schaumgummi mit Plastiküberzug sein oder eher schön gepolstert mit Luftfüllung? Der Vorteil von reinem Plastik: Du musst die Reifen nicht aufpumpen und Scherben auf der Straße machen dir das Leben nicht schwer. Der Vorteil von luftgefüllten Reifen: Die Polsterung ist angenehm, und gerade bei unebenem Straßenbelag wird der Nachwuchs nicht so durchgeschüttelt.

Größe der Wanne:
Idealerweise sollte das Kleine so lange in der Wanne liegen, bis es selbst sitzen kann. Daher sollte die Wanne groß genug sein und so stabil, dass sie nicht mal eben ein Windstoß umhauen kann. Nichts weniger als den SUV unter den Wannen solltest du nehmen.

Unterwegs mit größerem Kind

Auch Kleinkinder werden noch gern getragen. Gerade dann machen Tragen besonders Sinn, denn so haben die Kinder die Chance, auch allein zu laufen, und werden nicht aus Bequemlichkeit der Eltern jahrelang geschoben. Das Kind läuft, solange es kann, und wird dann, wenn es erschöpft ist oder Nähe braucht, wieder in die Trage genommen. Slings, aber auch ein Full Buckle oder Onbuhimo, sind gerade mit Kleinkindern sehr praktisch. Ein Onbuhimo ist eine Tragehilfe ohne Bauchgurt, bei der das Gewicht eher auf den Schultern lastet und das Kind weit oben sitzt und einen guten Ausblick hat. Für den Alltag mit Kleinkind oder Vorschulkind können deswegen viele Familien auf einen Buggy verzichten.

Wenn die Kinder zu laufen beginnen, sollten wir ihnen auch die Möglichkeit dazu geben, sich frei zu bewegen. Denn in der Bewegung lernen sie das Rennen, das Schleichen, das Klettern und Balancieren. Für einige Kinder sind auch Laufräder ein Anreiz zur Eigenbewegung.

Unterwegs mit Fahrrad und Kind

Mobil in der Stadt ist einfach. Es gibt die öffentlichen Verkehrsmittel, Car-, Scooter- und Bikesharing und, wenn man Glück hat, richtig gute Radwege. Nur mit einem Auto hat man es schwer. Manch einer mag sagen, mit Kind und Einkauf bräuchte man ein Auto, aber das muss heutzutage nicht mehr sein. Man spart Steuern, Versicherung und vor allem Spritkosten und den regelmäßigen Stress, einen Parkplatz zu finden. Und der Umwelt tut es auch gut. Anstatt das Auto zu nehmen, kann man als Familie auf Fahrräder mit Kindersitz ausweichen, auf einen Anhänger oder das Lastenrad. Stets dabei: der Helm. Denn Helm tragen ist sexy. Damit zeigt man: Man kümmert sich um die eigene Sicherheit genauso wie um die Sicherheit der kleinen Passagiere und ist nicht unnötig eitel. Ein Helm muss gerade bei Babys und Kleinkindern sein. Babys und Kleinkinder dürfen darüber hinaus, auch wenn es praktisch erscheint, niemals in der Trage auf dem Rad transportiert werden. Wie sie trotzdem mitkommen, zeigen wir euch hier.

Sicher nur mit Helm und Sitz

Auch wenn das Tragen wunderbar ist, sind Tragetuch und Babytrage keine sicheren Möglichkeiten, um ein Kind auf dem Rad zu transportieren. An dieser Stelle sollten wir nicht minimalistisch einsparen. Wer mit dem Rad unterwegs ist, braucht einen passenden Sitz für das Kind und das Kind benötigt auch einen Helm, um geschützt zu sein. In einem Lastenrad oder Fahrradanhänger können schon die Kleinsten liegend in passenden Sitzen transportiert werden.

Transport in Babyschalen

Wer dennoch ein Auto nutzt und auch ein Baby darin transportieren muss, sollte immer darauf achten, dass die Babyschalen wirklich nur für den Transport im Auto genutzt werden. Babyschalen mit Adaptern zum Fahren werden oft als sinnvolle und Kosten sparende Alternative zum Kinderwagen empfohlen. Aber die Haltung des Babys darin belastet den Rücken und kann sich auch negativ auf die Atmung auswirken, wenn das Baby stark nach vorn gebeugt und das Kinn auf die Brust gedrückt ist. Leg daher lieber eine Trage ins Auto, wenn das Baby vom Auto aus längere Strecken befördert werden muss.

Gerade in großen Städten sind Lastenräder praktisch, um Kinder zu befördern.

Transportmöglichkeiten mit dem Rad

1

Kindersitz

Praktisch, preiswert und allbekannt aus dem Straßenbild: Fahrräder mit Kindersitz. Sie sind gut für kurze Strecken und möglich, sobald das Kind sitzen kann. Vorn sitzen Kinder mit maximal 15 Kilogramm Körpergewicht, hinten mit maximal 22 Kilogramm. Der ADFC empfiehlt den Sitz über dem Hinterrad als sicherer.

2

Fahrrad mit Box oder Lastenrad

Lastenräder gibt es in verschiedenen Ausführungen. Die bekanntesten Modelle sind das Dreirad, gemütlich mit Box auf drei Rädern, und der Longjohn, der eher sportlich und für schnelleres Fahren gemacht ist. Den Vorteil der Lastenräder verrät schon der Name: Man kann größere Lasten transportieren und mehrere Kinder mitnehmen. Lastenräder lassen sich mit bis zu 200 Kilogramm pro Last, nicht pro Kind, beladen. Auch ältere Kinder können mit, daher kann das Rad länger genutzt werden. Besonders toll ist, dass sich die Box meist vorn befindet und man die Kinder im Blick hat. Gegen Wind und Regen gibt es ergänzendes Zubehör. Auch Babys kann man in einer Babyschale mit dem Lastenrad befördern. Manche Lastenräder haben sogar eine Isofix-Halterung für den Autokindersitz. Wer nicht so viel in die Pedale treten mag, kann auf die elektrische Variante zurückgreifen. Diese kann heutzutage sogar mit Minischließfach, Armaturenbrett und USB-Anschluss ausgestattet sein.

3

Anhänger

Wenn du flexibel sein möchtest, bist du mit einem Anhänger gut bedient. Denn der kann an viele Fahrräder angeschlossen werden und du kannst mal mit mal ohne unterwegs sein. Ein Anhänger lässt sich leicht ab- und anmontieren und zum Beispiel tagsüber beim Kindergarten parken, wenn das Kind vom anderen Elternteil abgeholt wird. Manche Anhänger lassen sich als Buggy verwenden und das Kind kann nach der Tour weiterschlafen. Sogar Babys können in der Babyschale oder in einer speziellen Hängematte mitfahren. Nur sollte man dabei Erschütterungen durch Kopfsteinpflaster und andere Unebenheiten meiden, da die Wirbelsäule des Babys noch sehr empfindlich ist; daher nicht zu früh verwenden. Sicherheitshalber wartest du, bis das Baby sitzen und das Köpfchen problemlos halten kann. Anhänger sind besonders gut für lange Fahrten, sie bieten viel Raum für Gepäck sowie ein zweites Kind und Schutz vor Wind und Regen. Das Verletzungsrisiko ist niedriger als beim Kindersitz. Faltbare Anhänger kannst du im Zug mitnehmen, sie eignen sich daher perfekt für einen Ausflug oder den Urlaub. Der Nachteil: Anhänger sind sehr breit und schwer, daher muss man mehr in die Pedale treten.

Reisen mit der Familie

Dass Fliegen nicht gerade umweltfreundlich ist, hat sich bereits rumgesprochen. Aber wie genau, warum und was die Alternativen sind, noch nicht. Am ökologischsten ist der Urlaub auf Balkonien. Da die Aussicht aber schnell langweilig wird, gehen wir kurz auf die gängigen Verkehrsmittel ein. Bitte bedenke: Es gibt nicht das eine ökologische oder nachhaltige Verkehrsmittel. Man muss unterschiedliche Werte gegeneinander abwägen. Das eine ist besser im Hinblick auf den CO_2-Ausstoß (gut gegen den Klimawandel), dafür hat das andere einen niedrigeren Feinstaubausstoß (gut für unsere Lungen) oder verschwendet weniger Ressourcen (gut für den Planeten).

Wie ökologisch sind Verkehrsmittel?

Am ökologischsten sind Wanderungen und Ausflüge mit dem Fahrrad. Direkt danach kommt ein vollbesetzter Fernbus. Diese sind in Deutschland durchschnittlich mit 60 Prozent ausgelastet. Daran schließt sich die Bahn an mit einer Auslastung von durchschnittlich 50 Prozent und keinem Ausstoß von Feinstaub und flüchtigen Kohlenwasserstoffen. Beim Reisen mit der Bahn spart man sich auch Staus. Für Familien sind Bahnfahrten mit Kinderabteil ein Vorteil. Als nächstes auf der Liste steht das Flugzeug bei einer 80-prozentigen Belegung der Sitze. Sollte jedoch ein vollbesetzter Pkw oder Camper das Verkehrsmittel der Wahl sein, ist dieses vorzuziehen.

Reisen mit möglichst wenig CO_2-Ausstoß

Folgende Faustformeln helfen dir bei der nächsten Buchung, den CO_2-Fußabdruck deiner Reise möglichst gering zu halten:

- → Je näher das Ziel, desto besser.
- → Je ökologischer der Betrieb, in dem ihr absteigt, desto besser. Beispielsweise ist ein Bio-Wellnesshotel in den Bergen besser als eine All-inclusive-Anlage mit mehreren Pools in Südamerika.
- → Je länger ihr vor Ort bleibt, desto besser.
- → Je höher die Auslastung eines Verkehrsmittels, desto besser.

Fabian zeigt
seiner Tochter
Yanti die Welt.

Minimales Kofferpacken - Reisen mit Handgepäckrollkoffer und Rucksack

Als Familie mit nur einem Handgepäckkoffer und Rucksack pro Person – ist das möglich? Wenn du effizient packst, dann schon. Die Vorteile liegen auf der Hand: Der Koffer kann nicht verlorengehen, da er nicht aufgegeben wird. Das wichtigste aber ist: Wenn du ein Kind in der Trage oder an der Hand hast, ist ein kleiner Koffer um einiges praktischer als ein riesiger, für den du zwei Hände brauchst, um ihn den Bordstein hochzuhieven.

1

Checke rechtzeitig das Wetter, wasche die Wäsche und packe zur Probe vor. Das machen nicht nur Streber, sondern idealistische Minimalist*innen.

2

Nutze mobile Innentaschen als Organizer für die Reisetasche. So ist alles platzsparend und komprimiert verstaut und leicht aufzufinden. Ein kleines Täschchen für Socken und Unterwäsche, ein größeres jeweils für die Kleidung der Familienmitglieder und ein kleines gegebenenfalls für Elektronik. Ein Täschchen mit einer kleinen Reiseapotheke und Tees gegen die üblichen Beschwerden ergänzt das Gepäck.

3

Ein Vakuumierer ist nicht nur praktisch zu Hause, um Kleidung einzupacken und vor Motten zu schützen, sondern kann beim Reisegepäck dafür sorgen, dass du Platz sparst.

4

Nimm einen E-Book-Reader oder ein Tablet statt Büchern mit. Auch Kinderbücher sind so verfügbar.

5

Besprich mit den Kindern, welches Spielzeug mit muss. Dies sollte am besten in ihren kleinen Rucksack oder den Rucksack der Eltern passen und sie eine Weile beschäftigen können. Am Urlaubsort gibt es so viel Neues, dass Spielzeug ohnehin oft liegen bleibt (siehe auch Spielzeugtipps S. 54)

6

Größere Kinder sollten einen Koffer oder Rucksack haben, den sie selber gut transportieren können. Gerade beim Umsteigen ist das wichtig.

7

Den normal großen Rucksack könnt ihr gut für Tagesausflüge nutzen.

8

Die Kinder- oder Babytrage muss vermutlich nicht ins Gepäck, sondern kann direkt eingesetzt werden. Dies spart Platz. Ein Kinderwagen auf Reisen ist meist unpraktisch, denn meist weiß man nicht, wie die Wege und ob die Umsteigemöglichkeiten barrierefrei sind.

9

Ein Wetbag für die Schmutzwäsche und gegebenenfalls durchnässte (Kinder-)Kleidung ist sinnvoll, damit sich keine Gerüche bilden.

10

Kosmetik: Eine Haarseife kannst du auch als Körperseife nutzen und vermeidest so auslaufendes Shampoo oder Duschgel. Verpacke Zahnpasta, Tabletten, Zahnbürste und eventuell Kosmetik in einem kleinen Kulturbeutel. Mehr muss wirklich nicht mit.

11

Windeln gibt es meist vor Ort zu kaufen. Stoffwindeln mitzunehmen ist nur sinnvoll, wenn in der Unterkunft eine Waschmaschine verfügbar ist. Alternativ gibt es Wegwerfeinlagen, während die normalen Überhosen genutzt werden.

12

Checke vorher, ob du am Urlaubsort waschen kannst.

13

Bekommt das Baby das Fläschchen, musst du Milchpulver mitnehmen. Aber auch das kannst du in einem kleinen Glas sicher transportieren oder vor Ort erwerben.

Einfache Reiseziele

Reisen mit Kindern müssen nicht teuer sein, denn Kinder brauchen keinen Luxusurlaub. Was wir uns als Familie von einem Urlaub versprechen? Zeit zusammen und Entspannung. Und das gibt es an vielen verschiedenen Orten.

Besuch bei Freunden und Familie

Anstatt nach einem Hotel oder einer anderen Herberge zu suchen: einfach Freunde und Familie fragen, ob man dort schlafen kann.

Ferienwohnung

Eine Ferienwohnung oder private Wohnung für eine kurze Zeit mieten oder mitnutzen: Gerade mit Kindern hat diese Art der Unterkunft Vorteile, da man mit einer Waschmaschine und Küche rundum versorgt ist.

Wohnungstausch

Mit einer anderen Familie die Wohnung tauschen, das geht auch über Kontinente hinweg (homeexchange.com).

Jugendherbergen

Klingt ein wenig nach Jugend, Gemeinschaftsschlafraum und Pfefferminztee: Jugendherbergen bieten aber mittlerweile an vielen Standorten auch für Familien tolle Unterbringungsmöglichkeiten an.

Zelten

Der Klassiker des Familienurlaubs und ein richtiges Abenteuer mit Naturverbundenheit.

Wwoofing

Als Familie einen Einblick in ökologische Landwirtschaft bekommen und einfach mitmachen, das geht mit World-Wide Opportunities on Organic Farms (wwoof.net, wwoof.de).

Nico und Fabian sind viel unterwegs, genießen aber auch die Momente gemeinsam auf dem Sofa.

Einfach Reisen mit Kindern

Yanti habe ihre Eltern selbst ausgesucht, meinte die Krankenschwester damals im Krankenhaus. Und sie hatte eine verdammt gute Wahl getroffen. Mama Nicola Popovic und Papa Fabian Sixtus Körner sind Weltenbummler. Sie haben ein Lachen, eine Lebensfreude und einen beeindruckenden Entdeckergeist, die sich potenziert auf ihre kleine Tochter übertragen haben. All das braucht sie auch, denn ihre Eltern lassen es sich nicht nehmen, auch nach ihrer Geburt weiter zu reisen. Schon im zarten Alter von vier Monaten, frisch geimpft und noch mit leichtem Schnupfen nach der letzten Lungenentzündung, ging es in die Dominikanische Republik zum Überwintern. Denn da war es warm, Yanti konnte die gute Meeresluft atmen, auf viele Kleidungsschichten verzichten und dabei im Sand tollen. Das sei gut für die körperliche Entwicklung, meint ihre Mutter Nico. Nico lebte seit 2006 mit Unterbrechungen in der Dominikanischen Republik und kennt sich dort gut aus. Sie arbeitet untere anderem für Regierungen, aber auch die Vereinten Nationen, zum Schutz von Zivilisten in Kriegs- und Krisengebieten.

Routinen geben Kindern beim Reisen Sicherheit

Als sie 2017 hingereist sind – diesmal mit Yanti – war es in ihrer Elternzeit. Sie hielten sich dort aber nicht als Touristen auf, sondern lebten und arbeiteten drei Monate vor Ort. Für Kinder sei es besser, gerade bei weiteren Reisezielen, einen längeren Zeitraum vor Ort zu bleiben, so Nico. Sie brauchen länger, um sich zu akklimatisieren und bis neue Routinen eingeführt sind. Denn Routinen bedeuten Stabilität und Sicherheit. Wenn man nach ein oder zwei Wochen wieder abreist, reißt man die Kinder jedoch wieder raus. Routinen kann man auch unterwegs einführen, wenn man zu denselben Zeiten isst oder spazieren geht wie zu Hause oder den Schlafsack und die Kuscheltiere von zu Hause benutzt. Kinder haben relativ wenig Kontrolle über ihr eigenes Schicksal, aber so wissen sie wenigstens, was auf sie zukommt. Die Dominikanische Republik hat für Nico und Fabian eine ganz besondere Bedeutung. Denn da haben sie sich wieder gefunden nach einer zwanzigjährigen Beziehungspause. Ihre Liebe begann nämlich in der dritten Klasse, als sie Kinder waren, und als Erwachsene setzen sie sie fort. Und dann kam Yanti.

Yanti hat rosa Bäckchen vom Zahnen, ein zuckersüßes Lächeln und das Down-Syndrom. Ihre

Englisch, Deutsch, GuK und ein bezauberndes Lächeln beherrscht Yanti zur Verständigung.

*Wichtig ist,
dass der Urlaub und das
Reisen nicht zum Stress werden,
denn der kommt auch
bei den Kleinsten an.*

Eltern erziehen sie zweisprachig, Englisch und Deutsch, und GuK – die Gebärden-unterstützte Kommunikation – nutzen sie auch. Die beherrscht Yanti ziemlich gut – sie sagt Ja oder Nein oder noch mal oder lecker. Sie kennt alle Tiere vom Bauernhof, im Dschungel und in der Wüste und die Geräusche, die sie machen. Sie hat ein sehr gutes Gefühl für zwischenmenschliche Beziehungen und erkennt Stimmungen sehr schnell. Außerdem liebt sie alle Sorten von Pasta. Ihre Eltern sind zuversichtlich, dass das zweisprachig Aufwachsen gut klappt. Sie haben andere Kinder mit Down-Syndrom kennengelernt, die sprachen nicht ganz so schnell wie Kinder ohne Down-Syndrom, aber dafür sehr souverän auf Deutsch und auf Englisch. Seit einem Jahr ist Yanti in einem Inklusionskindergarten in Kreuzberg und trotzdem gehen die Abenteuer weiter. Erst vor zwei Wochen war sie mit ihren Eltern in ihrem roten Bus in den polnischen Masuren unterwegs. Auch das gibt Kindern Sicherheit. Denn der Bus mit Bett, Wohn-, Schlafzimmer und Küche in einem Raum bleibt gleich. Einzig die Umgebung ändert sich.

Tipps für Reisen mit Kindern

Ein paar weitere Tipps geben uns Nico und Fabian für das Reisen mit Kindern auf den Weg, denn Fabian ist Reiseexperte. Er schrieb den Spiegel-Bestseller »Journeyman« und »Mit anderen Augen: Wie ich durch meine Tochter lernte, die Welt neu zu sehen« über das Reisen mit seiner kleinen Familie und das Leben mit seiner Tochter und ihren besonderen Bedürfnissen.

Nico und Fabian achten beim Urlaubsort darauf, ob ein Krankenhaus in der Nähe ist. Sie haben Yanti komplett impfen lassen, auch gegen Hepatitis und Tetanus. Sie bringen ihr eigenes Moskitonetz und eine Handdesinfektion ohne Alkohol und Chemie für Kinderhände mit. Für den UV-Schutz cremen sie Yanti nicht nur ein, sondern lassen sie immer etwas Langärmeliges tragen. Sie gehen nicht in der Mittagshitze raus, sondern machen Spaziergänge am Morgen: »Das genügt für die Bildung von Vitamin D, aber die Sonne knallt noch nicht so.« Sie hören auch auf die Tipps der

Fabian und Yanti –
hoch hinaus.

Auch zu Hause mag es die kleine Familie entspannt und klar.

Besondere Elemente in der Wohnung sind kleine Erinnerungen.

Einwohner. In der Dominikanischen Republik geben sie ihren Kindern als erste Frucht Papaya – das baut die Darmflora gut auf. Sie empfehlen, vor Ort so unterzukommen, dass man eine eigene Küche hat. So kann man die beste Hygiene garantieren und Schärfe und Zusätze der Gerichte bestimmen. Für den Strand haben sie noch folgenden Geheimtipp für die Kleinen: ein Zelt für Babys mit UV- und Moskitoschutz.

Außerdem nehmen Nico und Fabian sich nicht zu viel vor beim Reisen. Sie besuchen einmal die Hauptstadt, ansonsten bleiben sie drei Monate lang an einem Fleck. Der anstrengende Part ist das Herumreisen, und das bringt einem Säugling noch nicht viel. Wichtig ist, dass der Urlaub und das Reisen nicht zum Stress werden, denn der kommt auch bei den Kleinsten an. Auch muss viel Gepäck nicht sein. Dieselbe Menge an Kleidung reicht für zehn Tage genauso wie für drei Monate, denn man kann sie ja waschen. Nur bestimmte Medizin nehmen sie mit, die man vor Ort schwer bekommt. So bleibt auch Platz im Koffer für Reisemitbringsel. Nico bringt gerne Geschenke für andere mit, aber nicht die »Flughafen-Schlüsselanhänger«, sondern lieber eine selbst gestrickte Mütze aus einem Frauenhaus im Kosovo. Fabian dagegen macht Fotos und entwickelt sie. Die Bilder schmücken ihre gemeinsame Kreuzberger Wohnung. So schön es aber zu Hause auch ist – Nico und Fabian planen bereits die nächsten Reisen. Wohin es geht? Das wissen sie noch nicht. Aber sie suchen nach einem Land, wo Menschen mit Down-Syndrom nicht nur gleichwertig behandelt, sondern ihre besonderen Fähigkeiten wertgeschätzt werden.

Das Bett ist ein Ort zum Spielen, zum Toben und zum Kuscheln und Ruhen.

Tipps, Medien & Adressen

Einige Inspirationen konntest du diesem Buch sicher beim Lesen schon entnehmen, ein paar weitere Anregungen haben wir hier zusammengefasst. Diese Tipps sind persönliche Empfehlungen und wurden nicht von den Unternehmen bezahlt.

Umstandsmode mieten

kilenda.de
Umstandsmode und Kinderkleidung mieten

tchibo-share.de/kategorie/damen-umstandsmode/
Bei Tchibo Share kannst du Umstandmode mieten: von Hosen über Shirts bis Jacken.

Kindersachen mieten

raeubersachen.de
Bei Räubersachen kannst du ökologische Kinderkleidung für Babys und Kleinkinder mieten und Stopfkurse machen.

tchibo-share.de/kategorie/kind-baby/
Bei Tchibo Share kannst du Kinderkleidung mieten, teilweise aus Bio-Baumwolle.

cottonbudbaby.com
Cottonbudbaby verleiht die Erstausstattung an Babykleidung (20 Teile pro Paket). Wächst das Baby, kann in die nächste Größe gewechselt werden.

Umstandsmode und Wickeltaschen

maramea.com
MaraMea stellt Produkte her, die über einen langen Zeitraum genutzt werden können: sowohl in der Schwangerschaft als auch in der Stillzeit oder danach.
→ siehe Interview ab Seite 89

boobdesign.de
Boob Design stellt Umstands- und Stillmode zu 97 Prozent aus nachhaltigen Materialien her.

Nachhaltige Kinderkleidung

forschur.store
Baby- und Kinderkleidung aus gebrauchten Schurwollpullovern, zu neuen Kleidungsstücken individuell vernäht
→ siehe Interview ab Seite 95

charle-berlin.de
Ökologische Kinderkleidung für Kinder von 1 bis 12 Jahren

erstlingsbox.de
Die ökologische Erstausstattung für Babys

manymonths.com
Durchdachte Mitwachskleidung, GOTS-zertifiziert

reiff-strick.de
Ökologische Strickwaren, in Deutschland produziert

shop.engel-natur.de
Wickelsystem für Babys und ökologische Kleidung für die Familie

cosilana.de
Cosilana stellt in Baden-Württemberg nachhaltige und ökologische Kleidung für die ganze Familie her.

disana.de
Disana stellt schlichte und funktionale Kinderkleidung aus GOTS-zertifizierter Merinowolle her.

selana-shop.com
Aus der Schweiz kommt die Firma Selana, die zeitlose Kinderkleidung hauptsächlich aus Fasern aus kontrolliertem Anbau herstellt.

hessnatur.com
Schon seit 1976 stellt Hessnatur ökologische Kinderkleidung her und achtet besonders auch auf Transparenz.

barbaraheinze.com
Ökologische und durchdachte Outdoorkleidung für Kinder

puenktchenkommastrich.com
Fair produzierte Kinderkleidung aus Leinen und ökologischer Baumwolle

macarons-fashion.com
Kinder- und Erwachsenenkleidung aus Stuttgart, organic & fair

www.milchmaedchen.shop
Body-Erweiterungen für alle Bodyarten

flickli.de
Außergewöhnliche Flicken und Aufnäher aus Berlin

@minibazaar.berlin
Premium-Flohmarkt von littleyears.de in Berlin

Secondhand Onlineshops
Am besten sind natürlich Flohmärkte in deiner Nähe, damit kein Verpackungsmüll und unnötiger Transport entstehen. Alternativ gibt es aber auch Flohmärkte im Netz:
mamikreisel.de
kleiderkreisel.de
maedchenflohmarkt.de

Spielzeug mieten
kilenda.de
Spielzeug für verschiedene Altersgruppen zum Ausleihen

meinespielzeugkiste.de
Markenspielzeug zum Ausleihen

bauduu.de
Bei Bauduu kannst du Lego-Sets ausleihen.

Stoffwindeln
Um das passende Stoffwindelsystem und die passende(n) Marke(n) zu finden, nutze eine Stoffwindelberatung vor dem Einkauf – das lohnt sich! Folgende Marken können wir auf Basis unserer Erfahrungen empfehlen:
windelmanufaktur.com
lotties.de/wickeln
windelinge.de
totsbots.com
bambinomio.com
petitlulu.eu

Beratung zu Stoffwindeln
stoffwindelexperten.de
Netzwerk der Stoffwindelberater*innen

Kostenloser Stoffwindelratgeber unter
hug-and-grow.de/stoffwindel-ratgeber.pdf

Kinderwagen, Tragen und Räder
angelcab.de
Angelcab produziert nachhaltige Kinderwagen aus Naturmaterialien.

naturkind-kinderwagen.de
Naturkind produziert ökologische Kinderwagen.

tragenetzwerk.de
Netzwerk für professionelle Trageberater*innen

didymos.de
Erster Babytragetuchanbieter in Europa, seit 1972: Didymos Tragetücher & Tragen und Didytry Leihtuch.

wrapyouinlove.com
Hedwych Veeman berichtet auf ihrem Blog, auf YouTube und Instagram über verschiedene Tragesysteme und zeigt Bindeanleitungen für Tragetücher.

Verhütung und Periode

Welche Verhütungsmethode und welche Produkte bei der Menstruation du benutzt, musst du entscheiden. Hier findest du nachhaltige Produkte, die wir empfehlen:
einhorn.my
shethinx.com
ooshi-berlin.de
vonockerundrot.com
happypo.de

Period. Menstruationstasse
im *shop.original-unverpackt.de*

Nachhaltige Kindermöbel

livipur.de
Mitwachsschreibtische, Betten und vielseitig nutzbare Spielsachen; Materialien größtenteils aus kontrolliert biologischem Anbau, hergestellt in sozialtherapeutischen Einrichtungen in Deutschland

stocubo.de
Nachhaltige, in Berlin gefertigte Regalsysteme und Kinderküche

kidswoodlove.de
Nachhaltige Baby und Kindermöbel aus Holz

Online unverpackt einkaufen, Zero-Waste-Shops

shop.original-unverpackt.de
tante-olga.de
naturalou.de

Kochen, Backen und Zero-Waste-Küche

leaf-to-root.com
Rezepte für verschmähte Gemüseteile wie Radieschenblätter oder Melonenschale

sophiahoffmann.com
Sophia Hoffmann kocht nicht nur vegan, sondern schreibt auch über die Zero-Waste-Küche.

Unterstützung im Familienalltag

Apps:
FAMANICE – Familienkalender
BARRIO – the parents' hood
Geborgen Wachsen
Wunderlist – To-Do-Liste
Embryotox – Medikamente in Schwangerschaft und Stillzeit
Codecheck

Buch-Tipp:
Ein Guter Plan Family

INSPIRATION

Instagram-Accounts

(Familien-)Blogger*innen
rund um Minimalismus

@Ohwhataroom
@Suchtdasglueck
@neohippie.dk
@Mamalinauk
@Frau_gold
@Whitneyleighmorris
@Sannehop
@babyccinoberlin
@elternvommars
@minimalismandmotherhood
@the.urban.nature
*@Vonkopfbisfuss_*
@Katjahentschel

(Familien-)Blogger*innen
rund um Nachhaltigkeit

@dontwastebehappy.de
@Langsam.achtsam.echt
@Nesrinasamum
@Greenukum
@Viertelvormag
@Subvoyage
@diekleinebotin
@_papapi
@_ragniii
@naturlandkind

Dank

In diesem Buch haben wir dich mitgenommen auf eine Reise, wie Minimalismus aussehen und gelebt werden kann. Nun beginnst du deine eigene Reise und wir wünschen dir viel Freude daran, in deiner Familie die Beziehung und das Miteinander vor die Dinge zu stellen. Vielen Dank, dass du uns durch dieses Buch begleitet hast.

Unser Dank gilt auch all jenen, die an diesem Buch so tatkräftig mitgewirkt haben.

Susanne Mierau, Milena Glimbovski, Katja Vogt

Bildnachweis

Umschlagfotos: © Katja Vogt, Berlin, außer:
Klappe vorne/unten: © Christian Kielmann
Alle weiteren Fotos © Katja Vogt außer:
S. 4 und S. 39-43: © Anna Jost; S. 10, S. 200, S. 201: © Fabian Sixtus Körner; S. 31, S. 34: © Milena Glimbovski; S. 47 unten und S. 50: © Julia Haneke; S. 56-59: © Saskia Stammwitz; S. 62, S. 134, S. 170, S. 172: © Susanne Mierau; S. 163: © Amac Garbe; S. 164: © Maria Herzog; S. 167: © Thomas Richter; S. 176: © Marcus Richter; S. 182 und S. 185: © Kübra Gümüşay; S. 184: © Mirza Odabaşı; S. 188 und S. 189: © Rebecca Lina; S. 192: © Caspar Clemens Mierau

Impressum

Deutsche Originalausgabe
2. Auflage 2019

Ein Unternehmen der La Martinière Groupe

Projektleitung: Caroline Kaum, Knesebeck Verlag
Lektorat: Christine Schlitt, Worms
Gestaltungskonzept, Layout und Satz:
Leonore Höfer, Knesebeck Verlag
Herstellung: Arnold & Domnick, Leipzig
Litho: Reproline Mediateam, Unterföhring
Druck: Polygraf Print spol. s.r.o.
Printed in Slovakia

ISBN 978-3-95728-270-5

www.knesebeck-verlag.de

MIX
Aus verantwortungsvollen Quellen
FSC® C023577